Miyamoto Musashi

Fünf Ringe

MIYAMOTO MUSASHI

FÜNF RINGE

Übersetzt von Nikolai Zipplies
Mit 29 zeitgenössischen Abbildungen

NIKOL
VERLAG

Der vorliegende Text erschien 2016 unter dem Titel
Das Buch der fünf Ringe im Phänomen Verlag.

MIX
Papier | Fördert gute Waldnutzung
FSC® C083411

10. Auflage 2026

Satz und Layout: Nikol Verlag, Hamburg
Umschlaggestaltung: Nele Schütz Design unter Verwendung eines Holzschnitts von Utagawa Kuniyoshi: »Miyamoto Musashi is killing a giant creature«
Druck und Bindung: CPI Moravia Books s.r.o.
Printed in the Czech Republic

ISBN: 978-3-937872-88-9

info@nikol-verlag.de
www.nikol-verlag.de

Inhalt

Einleitung

Ich habe viele Jahre die Kunst des Kampfes[1], die *Niten Ichiryû*[2] genannt wird, erlernt und werde sie nun erklären, indem ich erstmals über sie schreibe. Wir befinden uns in den ersten zehn Tagen des zehnten Monats im Jahre 1645. Ich habe den Berg Iwato von Higo in Kyushu bestiegen, um dem Himmel meine Ehrerbietung zu erweisen und Kwannon, die Göttin der Barmherzigkeit[3], anzubeten und um vor Buddha niederzuknien.

---

1 In vielen Übersetzungen als »Kriegskunst« oder »Weg der Kriegskunst« übersetzt. Da Musashi in seinem *»Gor-in no sho«* jedoch sowohl den Zweikampf als auch große Schlachten behandelt, hat man sich in dieser Ausgabe für »Kunst des Kampfes« entschieden, sofern es nicht speziell um große Schlachten geht. Der Begriff »Kunst«, der auch als »Weg« übersetzt werden kann, umfasst den gesamten Komplex von äußeren Techniken und inneren Einstellungen. (Anm. d. Ü.)

2 Auf Deutsch: »Die Schule der zwei Himmel und des einen Stils«. (Anm. d. Ü.)

3 Oder *Kannon* oder chinesisch *Guanyin;* ein weiblicher Bodhisattva des Mitgefühls. (Anm. d. Ü.)

Ich, Shinmen Musashi No Kami Fujiwara No Genshin, bin ein Krieger aus der Provinz Harima im Alter von sechzig Jahren.

Von Jugend an hat es mein Herz zu der Kunst des Kampfes hingezogen. Im Alter von dreizehn Jahren focht ich meinen ersten Kampf. Ich schlug einen Kämpfer der Shinto-Schule nieder, einen gewissen Arima Kihei. Als ich sechzehn war, schlug ich den fähigen Kämpfer Tadashima Akiyama nieder. Im Alter von einundzwanzig Jahren ging ich in die Hauptstadt, wo ich auf alle Arten von Kämpfern traf und in zahlreichen Wettkämpfen nicht einmal unterlag.

Dann zog ich von Provinz zu Provinz und maß mich mit Kämpfern verschiedener Schulen, wobei ich nicht ein einziges Mal den Sieg verfehlte, obwohl ich mindestens sechzig Kämpfe austrug. Das fand zwischen meinem dreizehnten und achtundzwanzigsten oder neunundzwanzigsten Lebensjahr statt. Als ich dreißig Jahre alt wurde, blickte ich auf meine Vergangenheit zurück. Die vorherigen Siege konnte ich nicht der von mir beherrschten Kampfkunst zurechnen. Es waren vielleicht angeborene Fähigkeiten oder ein Gebot des Himmels oder aber es lag daran, dass die Kampfkünste der anderen Schulen einfach minderwertig waren. Anschließend studierte ich jeden Morgen und Abend die Kunst des Kampfes auf der Suche

英名三十六合戦
宮本無三四
一勇斎国芳画

nach ihren Prinzipien und erkannte schließlich, als ich fünfzig Jahre alt war, das Wesen dieser Kunst.

Seitdem habe ich gelebt, ohne irgendeinen bestimmten Weg zu verfolgen. Mit der Tugendhaftigkeit, welche der Kunst des Kampfes eigen ist, übe ich mich in verschiedenen Künsten und Fähigkeiten – alle jedoch ohne Lehrer. Ich habe weder die Gesetze Buddhas noch die Lehren von Konfuzius gebraucht und weder auf historische Werke über den Krieg noch auf Bücher über Kampftechniken zurückgegriffen, um dieses Buch zu schreiben. Ich verwendete nur meinen Pinsel, um den wahren Geist der Ichi-Schule zu erklären, so wie er sich in den Wegen des Himmels und in Kwannon widerspiegelt. Jetzt ist die Nacht des zehnten Tages im zehnten Monat zur Stunde des Tigers[4].

---

4 Die Stunde des Tigers ist die frühe Morgenstunde zwischen drei und fünf Uhr in der Frühe. (Anm. d. Ü.)

Das Buch der Erde

Die Kampfkunst ist das Handwerk eines jeden Kriegers. Feldherren müssen über dieses Handwerk verfügen und Soldaten sollten von dieser Kunst wissen. Heutzutage gibt es auf der Welt keinen Krieger, der die Kunst des Kampfes wirklich versteht.

Es gibt verschiedene Wege. So gibt es zum Beispiel den Weg der Erlösung durch das Gesetz Buddhas, den Weg, die Kunst des Lernens zu beherrschen, durch Konfuzius, den Weg, wie ein Arzt zu heilen, wie ein Poet die Kunst des Waka[5] zu lehren, die Teezeremonie, das Bogenschießen und viele weitere Künste und Fähigkeiten. Jeder Mann übt sich nach seinem Belieben. Man sagt, dass der Weg des Kriegers der zweifaltige Weg von Pinsel und Schwert ist. Er sollte eine Vorliebe für beide Künste besitzen. Selbst wenn ein Mann keine

5 Das *Waka* ist eine bestimmte Form der japanischen Dichtkunst, deren beiden bedeutendsten Stilrichtungen das *Tanka* und das *Chôka* sind. (Anm. d. Ü.)

angeborenen Fähigkeiten besitzt, kann er dadurch ein Krieger sein, dass er sich beiden Seiten dieses Weges auf beharrliche Weise widmet. Allgemein formuliert bedeutet der Weg des Kriegers, dem Tod entschlossen entgegenzutreten. Obwohl nicht nur Krieger, sondern auch Priester, Frauen, Bauern und das niedere Volk dafür bekannt gewesen sind, bereitwillig und ohne Schande für die Erfüllung ihrer Pflichten zu sterben, ist dies bei einem Krieger eine andere Sache. Der Krieger unterscheidet sich dadurch von ihnen, dass das Studium der Kunst des Kampfes darauf basiert, Männer zu besiegen. Durch Siege, die bei einem Schwertkampf mit Einzelnen oder in einer auferlegten Schlacht mit Vielen errungen wurden, können wir für unseren Herrscher oder uns selbst Kraft und Ruhm erlangen. Das ist die Tugend der Kampfkunst.

Der Weg der Kampfkunst

In China und Japan sind die Praktizierenden dieses Weges als »Meister der Kampfkunst« bekannt. Krieger müssen diesen Weg erlernen.

Vor Kurzem gab es Leute, die in der Welt als Kampfkünstler bekannt wurden, doch sie sind nur gewöhnliche Schwertkämpfer. Die Wärter der geheiligten

Stätte von Kashima Kantori in der Provinz Hitachi erhalten ihre Anweisungen von den Göttern und gründen Schulen, die auf diesen Lehren gründen, wobei sie von Land zu Land ziehen und Männer unterrichten. Das stellt die jüngste Bedeutung der Kampfkunst dar.

In älteren Zeiten galt die Kampfkunst unter den *Zehn Fertigkeiten* und *Sieben Künsten* als eine der wohltätigen Praktiken. Sie war gewiss auch eine Kunst, doch als wohltätige Praktik war sie nicht allein auf den Schwertkampf begrenzt. Der wahrhaftige Wert des Schwertkampfes zeigt sich nicht in dem engen Handlungsrahmen der Techniken des Schwertkampfes.

Wenn wir die heutige Welt betrachten, müssen wir den Ausverkauf der großen Künste erleben. So verkaufen Männer ihre Ausrüstung und damit sich selbst. Es ist wie mit dem Samen und der daraus erwachsenen Blume: Der Samen hat im Vergleich zur Blume an Wert verloren. Auf diese Art und Weise werden sowohl das Lehren als auch das Erlernen des Weges der Kampfkunst durch Prahlerei mit einfachen Techniken getrübt und verschönt, da man nur noch übereilt nach der Blüte strebt. Man spricht von »diesem Dôjô[6]« oder »jenem

6 Der Trainingsraum in den japanischen Kampfkünsten. Ins Deutsche übersetzt heißt *Dôjô* so viel wie »Ort des Weges«. (Anm. d. Ü.)

安田作兵エ

本能寺焼討之圖
織田信長
応需 楊斎延一筆

Dôjô« und giert dabei nur nach Gewinn. Irgendjemand sagte einst: »Unausgereifte Kampfkunst ist die Ursache von Leid.« Dieser Spruch ist wahr.

Es gibt vier Wege, auf denen ein Mann sein Leben durchschreiten kann: als Samurai[7], Bauer, Handwerker oder Kaufmann.

Der Weg des Bauern: Von Frühling bis zum Herbst setzt er entsprechende landwirtschaftliche Hilfsmittel ein und lebt im Einklang mit den sich wandelnden Jahreszeiten.

Dann ist da der Weg des Kaufmanns: Ein Winzer muss beispielsweise die notwendigen Zutaten erwirtschaften, um damit sein Leben zu unterhalten. Der Weg des Kaufmanns besteht immer darin, zu leben und zu überleben, indem er Gewinn erwirtschaftet.

Drittens gibt es den Weg des ehrenhaften Kriegers und seiner Waffen: Dieser Weg besteht darin, die Vorteile seiner Waffen meisterhaft zu nutzen. Wenn ein Samurai den Weg der Kampfkunst ablehnt, wird er den Wert seiner Bewaffnung nicht zu würdigen wissen. Also sollte er sich diesem Weg besser hingeben.

Als Viertes gibt es den Weg des Handwerkers. Der Weg des Zimmermanns besteht zum Beispiel dar-

---

7 Mitglied einer Kriegerkaste im alten Japan, allgemein auch als »Krieger« zu übersetzen. (Anm. d. Ü.)

in, den sachkundigen Umgang mit seinen Werkzeugen zu erlernen, um mit diesen zuerst seine Baupläne im richtigen Maßstab zu zeichnen und dann die Pläne korrekt umzusetzen. Auf diese Weise schreitet er durchs Leben. Dies sind die vier Wege des Ehrenmannes, Bauern, Handwerkers und Kaufmanns.

Der Weg des Handwerkers im Vergleich zu dem der Kampfkunst

Man kann den Weg des Zimmermanns (als Beispiel für einen Handwerker) mit dem Weg der Kampfkunst vergleichen, denn beide Wege haben etwas mit Häusern zu tun. So gibt es Häuser des Adelsstandes, Häuser der Krieger, den Zerfall oder das Erblühen der Häuser, die Gestaltung und die Tradition der Häuser und zuletzt den Namen eines Hauses. Der Zimmermann braucht für die Errichtung seiner Gebäude einen Entwicklungsplan, was dem Weg der Kampfkunst gleicht, da man auch dort einen Plan benötigt. Will man das Handwerk des Kampfes erlernen, dann sollte man dieses Buch sorgfältig lesen. Der Lehrer gleicht der Nadel, während der Schüler dem Faden gleicht. Man sollte kontinuierlich üben.

Wie der Vorarbeiter bei den Zimmermännern muss der Feldherr die Naturgesetze, die Gesetze seines Landes und die Regeln seines Hauses kennen. Dies ist der Weg eines Vorarbeiters und Anführers.

Der Vorarbeiter bei den Zimmermännern muss die architektonischen Theorien zum Bau von Tempeln, Türmen und Palästen beherrschen und er muss seine Arbeiter so einsetzen, dass sie die Gebäude errichten. Dieser Weg ist der gleiche wie der Weg des Befehlshabers eines Kriegerhauses.

Bei der Konstruktion von Häusern ist die Wahl des Holzes von entscheidender Bedeutung. Gerades und ebenes Bauholz wird für die äußeren Pfeiler verwendet und gerades Holz mit einigen Fehlern für die inneren Pfeiler. Bauholz von feinster Erscheinung, auch wenn es ein wenig schwach ist, verwendet man für die Türschwelle, den Türsturz und die Türen selbst. Auch gutes und starkes Bauholz, selbst wenn es knorrig und uneben ist, kann bei der Konstruktion immer versteckt verwendet werden. Schwaches oder unebenes Bauholz sollte durchweg für Baugerüste und später als Feuerholz genutzt werden.

Der Vorarbeiter bei den Zimmermännern verteilt die Arbeiten entsprechend den Fähigkeiten seiner Männer, im Einzelnen also den Fähigkeiten seiner Bodenleger, Tischler und anderen. Diejenigen mit schwa-

chen Fähigkeiten verlegen die Unterdielen und jene von noch geringeren Fähigkeiten verrichten Schnitzarbeiten und sonstige Zuarbeiten. Wenn der Vorarbeiter seine Männer kennt und sie überlegt einsetzt, wird die fertiggestellte Arbeit von guter Qualität sein.

Der Vorarbeiter muss die Fähigkeiten und Grenzen seiner Männer berücksichtigen, sich stetig unter ihnen bewegen und keine unnötigen Fragen und Forderungen stellen. Er sollte ihre Moral und geistige Einstellung kennen und sie, falls nötig, ermutigen. Diese Regeln gelten ebenso für die Kampfkunst.

Der Zimmermann hält wie auch der Soldat seine Werkzeuge selbst instand. Er transportiert seine Ausrüstung in seiner Werkzeugkiste und arbeitet unter der Aufsicht seines Vorarbeiters. Mit einer Axt schlägt er Stützbalken und Träger und mit einem Hobel schleift er Bodendielen und Bretter. Sorgfältig schnitzt er feine Außenarbeiten, die entsprechend seinen Fertigkeiten einen besonderen Abschluss der Arbeit darstellen. Das ist das Handwerk des Zimmermanns. Wenn der Zimmermann Erfahrungen sammelt und etwas vom richtigen Maß versteht, so kann er Vorarbeiter werden.

Die Verwirklichung des Zimmermanns besteht darin, gute und scharfe Werkzeuge zu besitzen, um kleine Schreine, Buchregale, Tische, Laternen, Schneidebretter und Topfdeckel herzustellen. Dies sind die

Spezialitäten eines Zimmermanns. Man sollte tiefgehend darüber nachdenken, ob Vergleichbares nicht auch für den Soldaten und Krieger gilt.

Die Verwirklichung des Zimmermanns besteht auch darin, dass seine Arbeiten nicht krumm und die Übergänge nicht ungleichmäßig sind. Seine Arbeit sollte durchdacht geplant sein, sodass sie eine saubere Einheit darstellt und nicht bloß Stückwerk ist. Dies ist von essenzieller Bedeutung.

Wer diesen Weg gehen möchte, sollte über jeden einzelnen Sachverhalt, der in diesem Buch zur Sprache kommt, tiefgehende Überlegungen anstellen. Es sollten weiterhin ausreichend Nachforschungen angestellt werden.

Überblick über die fünf Kapitel dieses Buches über die Kampfkunst

Diese Kunst wird in fünf Kapiteln aufgezeigt, die jeweils einen anderen Aspekt beleuchten. Diese Aspekte sind Erde, Wasser, Feuer, Wind und Leere[8].

8 Der Begriff »Leere« beschreibt einen Zustand, aus dem heraus intuitiv richtig gehandelt wird, da alles Egoistische und

Im »Buch der Erde« wird der äußere Aufbau des Weges der Kampfkunst aus der Perspektive der Ichi-Schule erklärt. Es ist schwer, den wahren Weg zu erkennen, wenn man nur Schwertkampf betreibt. Erkenne die Kleinigkeiten und behalte den Überblick, beschäftige dich mit der Oberfläche und den tiefsten Tiefen. Das erste Kapitel heißt »Das Buch der Erde«, da es die Grundlagen für einen geradlinigen Weg darstellt.

Das zweite Kapitel heißt »Das Buch des Wassers«. Der Geist kann sich wie Wasser verhalten, wenn er diese Prinzipien versteht. Wasser passt sich der Form seines Gefäßes an. Manchmal ist Wasser ein einzelner Tropfen und manchmal wie eine stürmische See. Wasser hat eine klare, blaue Farbe. Mit eben dieser Klarheit werden die Themen der Ichi-Schule in diesem Buch behandelt. Wenn du die Prinzipien des Schwertkampfes gemeistert hast und ungehindert einen Mann besiegen kannst, dann kannst du jeden Mann in dieser Welt besiegen. Das Prinzip des Besiegens eines Mannes kann auf Millionen Männer übertragen werden. Dahinter steht dieselbe geistige Einstellung. Der Kampfkünstler vermag kleine Dinge in große Dinge zu verwandeln,

---

alle Bindung (beispielsweise die Angst im Kampf) »entleert« wurde, der Geist ist frei und ungebunden. (Anm. d. Ü.)

教導立志基

天文十八年春信長齋藤道三と濃州富田の正法寺に會ん信長道三の威を奪んと行列を異様にし自ら亦奇異の出立して往く道三其行装を見んと民家の内より伺ふて笑ふ信長睨視して我姿を見んと思ハゞ前へ出よ無禮ハ寛さじと大音に呼で過ぐ道三驚き正法寺に歸り對面す信長装束を改坐に着道三の面を見て先に町口にて我を笑ふ曲者ハ能もか給けるを嘲けれバ道三其眼力の強に驚歎せりとぞ
淺艸橋畔 柳亭演

so wie man eine große Buddhastatue auf Grundlage eines kleinen Modells errichtet. Ich kann nicht in allen Einzelheiten erklären, wie dies funktioniert. Die Prinzipien der Kampfkunst bestehen darin, das Wissen um eine Sache auf tausende Dinge übertragen zu können. Davon handelt »Das Buch des Wassers«.

Als Drittes haben wir »Das Buch des Feuers«. In diesem Buch geht es um das Kämpfen. Der Geist des Feuers ist von wilder Natur, ganz gleich, ob das Feuer nun groß oder klein ist. Genauso ist es auch mit Schlachten. Die Kunst des Kampfes hat für den Kampf Mann gegen Mann genauso Bedeutung wie in der Schlacht von Zehntausenden gegeneinander. Man muss verstehen, dass dieser Geist groß oder klein sein kann. Das Große ist leicht zu erkennen, das Kleine jedoch nur schwer. Kurz gesagt, ist es für eine große Anzahl Männer schwer, die Position zu verändern, da man ihre Bewegungen leicht voraussehen kann. Ein einzelner Mann kann sich sehr schnell umentscheiden, sodass man seine Bewegungen nur schwer voraussagen kann. Diesen Sachverhalt sollte man hoch schätzen.

Die Kernaussage dieses Buches lautet, dass man Tag und Nacht trainieren muss, um schnelle Entscheidungen treffen zu können. In der Kampfkunst ist es notwendig, das Training mit beständiger Tatkraft als

Teil des normalen Lebens zu betrachten. Daher beschreibt »Das Buch des Feuers« den Kampf in einer Schlacht.

Der vierte Teil heißt »Das Buch des Windes«. Dieser Teil befasst sich nicht mit der Ichi-Schule, sondern mit anderen Schulen der Kampfkunst. Mit »Wind« meine ich alte Familientraditionen der Kampfkunst. Dementsprechend erkläre ich hier die Kampfkünste aus aller Welt. »Wind« meint genau dies, denn es ist schwer, sich selbst zu erkennen, wenn man die anderen nicht kennt. Alle Wege haben Nebenpfade. Wenn du immerzu nur mit dir selbst beschäftigt bist, magst du vielleicht glauben, dass du den wahren Weg verfolgst, doch objektiv betrachtet tust du dies nicht, sondern verwirrst nur deinen Geist. Sofern du den wahren Weg verfolgst, aber dich nur ein wenig von ihm entfernst, wird dieser anfangs kleine Unterschied mit der Zeit immer größer werden. Dies muss verstanden werden.

Nicht ohne Grund werden viele Schulen der Kampfkünste lediglich als Schulen des Schwertkampfes angesehen. Der Vorteil meiner Kampfkunst besteht in ihren unabhängigen Prinzipien, obwohl sie auch den Schwertkampf umfasst. Im »Buch des Windes« erkläre ich die Bedeutung der Kampfkunst anderer Schulen.

Das fünfte Kapitel lautet »Das Buch der Leere«. Mit »Leere« meine ich das, was weder Anfang noch Ende hat. Diese Idee zu verwirklichen bedeutet, sie nicht zu verwirklichen. Der Weg der Kampfkunst ist ein Weg der Natur. Wenn man die Kraft der Natur erkennt und ihren Rhythmus begreift, dann wird man dazu fähig sein, seinen Gegner mit dieser Kraft zu besiegen. Von diesen Dingen handelt »Das Buch der Leere«, in dem ich zu zeigen versuche, wie man den wahren Weg in Übereinstimmung mit der Natur geht.

Ichi Ryu Ni To[9]

Krieger, seien sie nun Anführer oder einfache Soldaten, tragen zwei Schwerter in ihrem Gurt. In alten Zeiten wurden sie das Langschwert[10] und das Schwert[11] genannt. Heutzutage kennt man sie als Schwert und Kurzschwert[12]. Es ist Tradition, dass ein Krieger im-

9 Wird auch mit »eine Schule und zwei Schwerter« übersetzt. (Anm. d. Ü.)

10 *tachi*

11 *katana*

12 *wakizashi* oder *shôtô*

大多春永
坂井右近
八島半蔵
保里蘭丸
田津川左近
宅間玄蕃

mer zwei Schwerter bei sich führt. Dies ist der Weg des Kriegers.

Niten Ichiryû lehrt die Vorteile davon, beide Schwerter einzusetzen. Speer und Hellebarde können im Gegensatz zu den Schwertern nur im Freien eingesetzt werden. Schüler der Ichi-Schule sollten von Beginn an mit beiden Schwertern in beiden Händen trainieren.

Wenn man um sein Leben kämpft, sollte man alle verfügbaren Waffen einsetzen. Es hat keinen Sinn, mit einer ungezogenen Waffe im Gürtel sein Leben zu opfern. Dies ist eine Wahrheit.

Wenn man mit beiden Händen ein Schwert hält, kann man es nur kaum frei von rechts nach links schwingen. Meine Methode meint, ein Schwert mit nur einer Hand zu führen. Dies gilt nicht für so große Waffen wie Speer oder Hellebarde, jedoch können Schwert und Kurzschwert mit nur einer Hand geführt werden. Es ist belastend, ein Schwert mit beiden Händen zu halten, wenn man auf einem Pferd sitzt, sich über unebenes Gelände oder steinigen Untergrund, durch sumpfiges Gebiet oder Reisfelder bewegt oder sich in einer Gruppe von Menschen aufhält. Ein Langschwert mit beiden Händen zu führen, ist nicht der richtige Weg. So hat man nur eine Hand für das Langschwert frei, wenn man in der anderen einen Bogen, einen

Speer oder eine andere Waffe tragen will. Nur wenn es zu schwer ist, einen Feind mit nur einer Hand niederzustrecken, dann sollte man beide Hände nehmen. Es ist jedoch nicht schwer, ein Schwert mit nur einer Hand zu führen. Der Weg, dies zu erlernen, besteht darin, mit zwei Langschwertern zu üben, einem in jeder Hand. Dies wird anfangs sehr schwer erscheinen, doch alles erscheint zu Beginn schwer. Es ist anfangs auch schwer, einen Bogen zu spannen oder eine Hellebarde zu schwingen. Gewöhnt man sich an den Bogen, so wird der Zug stärker. Wenn man sich damit vertraut macht, das Langschwert mit nur einer Hand zu führen, wird man schnell die Vorteile dieses Weges erkennen.

Wie ich in dem »Buch des Wassers« erklären werde, gibt es keinen schnellen Weg, um den Umgang mit dem Langschwert zu erlernen. Zuerst muss man begreifen, dass das Langschwert weit und das Kurzschwert eng geführt wird. In der Ichi-Schule lernt man, dass man sowohl mit einer langen als auch mit einer kurzen Waffe siegen kann. Kurz gesagt zeichnet den Weg der Ichi-Schule der Geist des Siegens aus, unabhängig von der Waffe und ihrer Größe.

Wenn du gegen mehrere Gegner kämpfst, ist es besser, zwei Schwerter zu verwenden als nur eines. Dies gilt vor allem dann, wenn man einen Gefangenen machen möchte.

Diese Dinge können nicht in allen Einzelheiten erklärt werden. Von einer Sache sollte man auf viele tausend Sachen schließen können. Wenn du auf dem Weg der Kampfkunst Meisterschaft erlangst, wird dir nicht eine Sache verborgen bleiben. Dafür musst du unnachgiebig trainieren.

Der Vorteil der Kampfkunst

Wer das Langschwert beherrscht, gilt als Meister der Kampfkunst. Für die anderen militärischen Disziplinen gilt dies nicht. Wer den Bogen beherrscht, wird Meister im Bogenschießen genannt. Wer den Speer beherrscht, der wird Meister im Speerkampf genannt. Wer mit der Pistole umzugehen weiß, der wird Meisterschütze genannt. Diejenigen, die den Umgang mit der Hellebarde beherrschen, nennt man Meister der Hellebarde. Doch derjenige, der das Langschwert wahrlich beherrscht, wird nicht Meister des Langschwertes genannt, sondern Meister der Kampfkunst. Bogen, Schusswaffen, Speere und Hellebarden gehören zur Ausrüstung des Kriegers und sind gewiss Teil der Kampfkunst, doch das Langschwert zu meistern bedeutet, sich selbst und die Welt zu meistern. Daher ist das Langschwert das Fundament der Kampfkunst. Grundsätzlich heißt es,

dass Meisterschaft in der Kampfkunst durch die Arbeit mit dem Langschwert erlangt wird. Wenn ein Mann das Langschwert beherrscht, so kann er zehn andere Männer im Kampf besiegen. Und so wie ein Mann zehn Männer besiegen kann, können hundert Männer tausend andere schlagen und tausend können zehntausend besiegen. In meiner Kampfkunst spielt die Anzahl der Gegner keine Rolle, daher steht sie für den vollständigen Weg des Kriegers.

Der Weg des Kriegers schließt andere Wege wie den Konfuzianismus, Buddhismus und gewisse Traditionen wie Theater[13] und Tanz nicht mit ein. Obgleich diese aber nicht Teil des Weges der Kampfkunst sind, wird der Krieger seinen Weg in ihnen erkennen, sofern er seinen Weg wirklich erkennt. Männer müssen mit großer Sorgfalt den Weg ihrer Wahl gehen.

Die Bedeutung der Waffen

Jede Waffe sollte zu einem richtigen Zeitpunkt und an einem passenden Ort eingesetzt werden.

---

13 Im 17. Jahrhundert galt das *Kabuki* als die bekannteste Form des Theaters in Japan. Oftmals wurden Schwertkämpfe dargestellt. (Anm. d. Ü.)

Das Kurzschwert wird am besten auf engem Raum eingesetzt, zum Beispiel in einem Nahkampf. Das Langschwert kann in jeder Situation erfolgreich eingesetzt werden.

Auf dem Schlachtfeld ist die Hellebarde dem Speer unterlegen. Mit dem Speer kann man die Initiative ergreifen, doch die Hellebarde ist eine defensive Waffe. In den Händen eines Mannes im Zweikampf, bei dem die Kontrahenten von gleichen Fähigkeiten sind, hat der Speer im Vergleich zur Hellebarde einen leichten Vorteil. Beide Waffen besitzen ihre Qualitäten, aber auf engem Raum ist keine von ihnen von Vorteil. Sie können auch nicht dafür eingesetzt werden, Gegner gefangen zu nehmen. Sie sind im Wesentlichen Waffen für das Schlachtfeld.

Wenn man Waffentechniken ausschließlich im Dojo erlernt, dann wird man zu eingeengt agieren und den wahren Weg verlassen. Bei einem ernsthaften Kampf wird man dadurch in Schwierigkeiten kommen.

Der Bogen ist von großem taktischen Wert zu Beginn einer Schlacht, vor allem bei Schlachten auf weitem Feld. Es ist möglich, dass die Bogenschützen schnell zwischen den Reihen der Speermänner agieren. Bei Belagerungen oder wenn der Feind mehr als hundert Meter entfernt ist, hat der Bogen keinen großen Nutzen mehr. Aus diesem Grund gibt es heutzutage

nur noch wenige traditionelle Schulen für das Bogenschießen.

Innerhalb einer Festung haben Schusswaffen den höchsten Stellenwert unter allen Waffen. Schusswaffen sind die wertvollsten bei einer Schlacht, bevor die Reihen aufeinandertreffen. Doch wenn die Schwerter einmal gekreuzt werden, sind diese Waffen nutzlos.

Einer der Vorteile des Bogens besteht darin, den Pfeil fliegen zu sehen und dadurch augenblicklich die Flugbahn korrigieren zu können. Bei Schusswaffen trifft dies nicht zu. Die Wichtigkeit dessen muss man sich vor Augen führen.

So wie ein Pferd muss auch eine Waffe Durchhaltevermögen besitzen und frei von Fehlern sein. Pferde sollten einen kräftigen Schritt haben. Langschwerter und Kurzschwerter sollten eine starke und scharfe Klinge besitzen. Speere und Hellebarden müssen schwerem Gebrauch standhalten. Bogen und Schusswaffe müssen stabil und handlich sein. Im Allgemeinen sollten Waffen eher widerstandsfähig als dekorativ sein.

Du solltest keine favorisierte Waffe haben. Zu vertraut mit einer einzigen Waffe zu werden, ist ein ebenso großer Fehler, wie sie nicht ausreichend genug zu kennen. Jeder sollte die für ihn geeignete Waffe wählen und nicht einfach jemand anderen nachahmen.

Für Anführer und Gefolgsleute ist es schlecht, Vorlieben oder Abneigungen zu haben. Dies sind die Dinge, deren Tiefgründigkeit du verstehen musst.

Von der richtigen Zeiteinteilung in der Kampfkunst

Es gibt für alles die richtige Zeiteinteilung. In der Kampfkunst kann die richtige Zeiteinteilung ohne eifriges Üben nicht zur Vollkommenheit gebracht werden.

Die richtige Zeiteinteilung ist sowohl für den Tanz als auch die Musik wichtig. Hier kann Rhythmus erst entstehen, wenn der richtige Zeitpunkt gewählt wird. Zeiteinteilung und Rhythmus spielen auch in den militärischen Künsten, wie dem Bogenschießen oder dem Reiten, eine Rolle. Bei allen Fertigkeiten und Fähigkeiten ist die richtige Zeiteinteilung von Bedeutung.

Selbst die Leere hat ihren richtigen Zeitpunkt.

Das gesamte Leben eines Kriegers hängt von der Wahl des richtigen Zeitpunktes ab. Er entscheidet über Aufstieg oder Fall, Harmonie oder Missklang. Auch der Weg des Kaufmannes kennt die Wahl des richtigen Zeitpunktes, wenn es um Geldgeschäfte geht. Alle Dinge haben einen richtigen Zeitpunkt. Du musst fähig dazu sein, stets den richtigen Zeitpunkt zu wählen. In der Kampfkunst gibt es verschiedene Überlegungen zur richtigen Zeiteinteilung.

Du solltest von Beginn an den geeigneten und den ungeeigneten Zeitpunkt kennen. Zuerst sollte man sich ein Gesamtbild verschaffen und dann den richtigen Zeitpunkt wählen, um Distanz zu überwinden. Dies ist die Hauptsache in der Kampfkunst. Anderenfalls wird deine Kampfkunst immer unsicher bleiben.

Eine Schlacht gewinnt man, indem man die Zeiteinteilung des Feindes kennt und selbst einen Zeitpunkt wählt, den der Feind nicht erwartet. Die richtige Zeiteinteilung sollte listenreich sein und kann aus der Leere geschöpft werden.

Alle fünf Kapitel dieses Buches befassen sich hauptsächlich mit der richtigen Zeiteinteilung. Du musst trainieren, bis du dies begriffen hast.

Wenn du die Kampfkunst der höheren Ichi-Schule Tag und Nacht übst, wird sich dein Bewusstsein auf natürliche Weise erweitern und verfeinern. Dieser Weg der Kampfkunst gilt für den Kampf Mann gegen Mann und auch für den Kampf großer Armeen in Schlachten. Ich berichte von diesem Weg erstmals in den fünf Kapiteln Erde, Wasser, Feuer, Wind und Leere.

Wer diese Kampfkunst erlernen will, sollte folgende Regeln befolgen:

Habe keine unehrlichen oder betrügerischen Gedanken

Der Weg besteht in stetem Üben.

Mache dich mit allen Künsten vertraut.

Wisse von den verschiedenen Handwerken.

Unterscheide in weltlichen Angelegenheiten zwischen Gewinn und Verlust.

Entwickle für alles ein intuitives Verständnis und Urteilsvermögen.

Nehme jene Dinge wahr, die man nicht sehen kann.

Schenke auch den Kleinigkeiten Aufmerksamkeit.

Tue nichts, was ohne Nutzen ist.

Es ist wichtig, diese Grundprinzipien von Anfang an mit Herz und Verstand aufzunehmen und sich so in dem Weg der Kampfkunst zu üben. Wenn du die Dinge nicht mit Weitsicht und Überblick betrachtest, wird es für dich kaum möglich, die Meisterschaft zu erlangen. Wenn du diese Kunst des Kampfes erlernst, wirst du niemals verlieren, selbst gegen zwanzig oder dreißig Feinde. Mehr als alles andere solltest du der Kampfkunst von Beginn an dein Herz öffnen und dich diesem Weg ernsthaft hingeben. Du wirst lernen, wie man Männer in Kämpfen tatsächlich besiegen kann und den Ausgang eines Kampfes mit bloßem Auge abschätzt. Durch das Training wirst du auch lernen, deinen eigenen Körper bewusst zu steuern und mit deinem Körper andere Männer zu besiegen. Bei ausreichendem Training wirst du darüber hinaus auch fähig dazu sein,

太平記英勇傳
大多上總介平春永公
一勇齋國芳畫

mit deinem Geist zehn andere Männer zu besiegen. Doch das heißt nicht, dass du unbesiegbar sein wirst, wenn du diesen Punkt erreicht hast.

Darüber hinaus wird der überlegene Mann durch diese weitsichtige Kampfkunst lernen, eine große Anzahl Untergebener geschickt zu führen, zum Wohle des Volkes das Land zu vertreten und damit die Regeln des Kaisers aufrechtzuerhalten. Wenn es einen Weg gibt, dessen geistige Bedeutung darin besteht, nicht besiegt zu werden und sich ehrenhaft zu verhalten, dann ist es der Weg der Kampfkunst.

Für Terao Magonojô, 12. Mai 1645,
Shinmen Musashi

Das Buch des Wassers

Der Geist des *Niten Ichiryû* basiert auf dem Prinzip Wasser und das »Buch des Wassers« erklärt die Methoden, durch die Langschwert-Form den Sieg zu erringen. Sprache ist nicht ausreichend genug, um diesen Weg im Detail zu erklären. Der Weg kann jedoch intuitiv erfasst werden. Studiere dieses Buch, lese einen Satz und dann denke darüber nach. Wenn du die Bedeutung jedoch allzu schnell interpretierst, wirst du den Weg missverstehen.

Die Prinzipien der Kampfkunst wurden hier in Begriffen eines Zweikampfes beschrieben. Du solltest jedoch darüber hinausdenken, sodass du diese Prinzipien auch in einem Kampf von Zehntausenden gegeneinander anwenden kannst.

Der Weg der Kampfkunst unterscheidet sich von anderen Dingen dadurch, dass man irregeführt wird und auf schlechte Wege gerät, wenn man ihn auch nur ein wenig missversteht.

和田義盛
内田家義
巴御前

Wenn du dieses Buch bloß liest, wirst du nicht den Weg der Kampfkunst gehen. Verinnerliche die Aussagen dieses Buches. Lies nicht einfach, sondern ahme nach und präge dir ein, sodass du die Prinzipien schließlich in deinem Herzen trägst. Es ist harte Arbeit, seinen Körper auf diese Dinge zu prägen.

Die geistige Haltung in der Kampfkunst

In der Kampfkunst darf sich die geistige Haltung nicht von der Haltung im Alltag unterscheiden. Sowohl im Kampf als auch im alltäglichen Leben solltest du von einer Gemütsruhe getragen sein. Sei in jeder Situation ohne Nervosität oder Gereiztheit, aber sei auch nicht unbekümmert. Dein Geist sollte jedoch unvoreingenommen sein. Auch wenn dein Geist ruhig ist, solltest du deinen Körper nicht ruhen lassen. Und wenn dein Körper entspannt, solltest du deinen Geist nicht erschlaffen lassen. Lass deinen Geist nicht deinen Körper beeinflussen und deinen Körper nicht deinen Geist. Sei weder übermotiviert noch träge. Ein überhöhter Geist ist ebenso schwach wie ein niederer Geist. Lass den Feind nicht deinen Geist oder deine Absichten erkennen.

Wer von kleiner Statur ist, sollte sich mit dem Geist großer Menschen vertraut machen, und Menschen von großer Statur sollten mit dem Geist kleiner Menschen vertraut sein. Lass dich unabhängig von deiner Körpergröße durch die Reaktionen deines Körpers nicht irreleiten. Mit einem offenen Geist kann man die Dinge von einer erhöhten Position aus betrachten und hat so einen größeren Überblick. Du musst Weisheit und Geist kultivieren. Pflege deine Weisheit, indem du das öffentliche Recht erlernst, zwischen Gut und Böse unterscheiden kannst und nacheinander die Wege der verschiedenen Künste studierst. Wenn dich andere Menschen nicht mehr täuschen können, dann wirst du die Weisheit der Kampfkunst begriffen haben.

Die Weisheit der Kampfkunst ist einzigartig. Selbst wenn du auf einem Schlachtfeld stark bedrängt wirst, solltest du unaufhörlich nach den Prinzipien der Kampfkunst handeln und dadurch einen beständigen Geist entwickeln.

Die körperliche Haltung in der Kampfkunst

Nimm eine Haltung mit erhobenem Haupt ein. Lass deinen Kopf also weder hängen noch aufwärts blicken noch sonst wie verdreht sein. Deine Stirn und der Raum zwischen deinen Augen sollten entspannt sein. Verdreh nicht deine Augen und blinzle auch nicht, aber senk die Lider leicht. Halte deine Nase mit ruhiger Miene gerade, wobei du das Gefühl eines leichten Aufblähens deiner Nasenlöcher hast. Halte den Rücken gerade und erinnere dich stets daran, Lebensenergie[14] durch den Scheitel aufzunehmen und dann über Nacken und Schultern in den gesamten Körper fließen zu lassen. Senk die Schultern, streck dein Gesäß nicht heraus und lass von den Zehenspitzen bis in die Knie Kraft durch deine Beine strömen. Achte auch auf den Unterleib und knick nicht in der Hüfte ein. Trage dein Begleitschwert zwischen Unterleib und Gürtel, sodass der Gürtel gespannt ist und nicht schlaff herunterhängt. Dies nennt man »einkeilen«.

In allen Formen der Kampfkunst ist es notwendig, die Kampfhaltung im alltäglichen Leben beizubehalten und die alltägliche Haltung zur Kampfhaltung

---

14 Japanisch *Ki* und chinesisch *Qi* ist ein zentraler Begriff in den traditionellen Kampfkünsten Asiens, aber auch in den traditionellen Heilkünsten, dem Feng-Shui und in vielen anderen Lebensbereichen. Dieser Begriff wird auch synonym für Atem und Energie verwendet. In der indischen Kultur ist das *Prana* mit dem *Qi* zu vergleichen, in der westlichen Kultur kommen dem *Pneuma, Orgon* oder *Bioenergie* am nächsten. (Anm. d. Ü.)

一勇斎
國芳画

werden zu lassen. Dies sollte sehr ausgiebig ergründet werden.

Der Blick

Der Blick sollte weit gehen und umfassend sein. Dies ist der zweifache Blick von »Erfassen und Durchdringen«. Das Erfassen ist stärker als das Durchdringen.

In der Kampfkunst ist es wichtig, entfernte Dinge so zu sehen, als ob sie nah wären, und nahe Dinge mit Abstand betrachten zu können. Es ist wichtig, das Schwert des Feindes zu erkennen und sich nicht durch unbedeutende Bewegungen des Schwertes ablenken zu lassen. Dies muss erlernt werden. Dieser Blick gilt sowohl für den Zweikampf als auch für große Schlachten.

In der Kampfkunst ist es notwendig, sowohl nach links als auch nach rechts schauen zu können, ohne die Augen zu bewegen. Diese Fähigkeit kann nicht schnell erlernt werden. Erlern diesen Blick, so wie er hier beschrieben wird, und benutz ihn im alltäglichen Leben, was immer auch geschehen mag.

Wie man das Langschwert hält

Halte das Langschwert mit einem leichten Gefühl in Daumen und Zeigefinger, sodass die Energie frei fließen kann. Der Mittelfinger sollte weder angespannt noch schlaff sein und die letzten beiden Finger sollten den Griff fest umschließen. Es ist schlecht, zu viel Spielraum in den Händen zu haben.

Wenn du dein Schwert ziehst, solltest du dazu entschlossen sein, deinen Gegner zu töten. Wenn du den Gegner mit einem Hieb triffst, darf sich dein Griff nicht verändern und deine Hand darf sich nicht verkrampfen. Wenn du das Schwert des Gegners zur Seite schlägst oder blockst oder niederdrückst, ändert sich das Gefühl in Daumen und Zeigefinger nur geringfügig. Über allem steht jedoch, dass du das Schwert ziehst, um deinen Gegner niederzustrecken.

Die Art und Weise, das Schwert zu halten, ist für den Kampf und das Kampftraining die gleiche.

Allgemein gesprochen lehne ich Angespanntheit in Händen oder Schwert ab. Angespanntheit bedeutet eine »tote Hand«. Flexibilität und Beweglichkeit bedeutet eine »lebende Hand«. Dies solltest du im Gedächtnis behalten.

Die Beinarbeit

Sei erst leicht und fließend in den Zehenspitzen und trete dann mit den Fersen fest auf. Ob du nun langsam oder schnell gehst, mit großen oder kleinen Schritten, sollten sich deine Füße wie bei dem normalen Gang bewegen. Ich lehne die Methode der drei verschiedenen Gänge ab, die bekannt sind als »springenden Fußes«, »fließenden Fußes« und »festen Schrittes«.

Der sogenannte »Yin-Yang-Gang« ist sehr wichtig. Er bedeutet, sich nicht nur mit einem Fuß zu bewegen, sondern im Kampf von einem Fuß auf den anderen zu wechseln. Man sollte nicht ein Standbein bevorzugen.

Die fünf Schwerthaltungen

Die fünf Grundhaltungen sind: oben, unten, mittig, links und rechts. Obwohl es diese fünffache Teilung gibt, ist das einzige Ziel, den Feind niederzustrecken. Es gibt nur diese fünf Grundhaltungen. Darüber hinaus gibt es nichts.

大石内藏助藤原良雄
城代 禄千五百石
幼名吉千代備前岡山の
老臣池田玄蕃の二男大石
頼母懇望して養子となる
内藏助の名は備前君侯より
賜はる處なりと智仁勇を
備へ誠忠義膽古今にためし
なく人臣の亀鑑たり故に
百有余年の今にいたり
忠魂 天朝をつらぬき
新たに義名を輝し 猶千歳
の美談となす
行年 四十五才
法号
大石内藏助良
古播州赤穂藩

In welcher Haltung du dich auch immer befindest, sei dir ihrer nicht bewusst, sondern denk nur an den Schwertstreich.

Die Haltung des Schwertes sollte der Situation entsprechend entweder weit oder eng sein. Die obere, untere und mittlere Haltung sind die entscheidenden. Die linke und rechte Haltung sind für die Übergänge. Sie sollten angewendet werden, wenn es zu den Seiten oder über dem Kopf Hindernisse gibt. Ob man sich in einem solchen Fall für die linke oder rechte Haltung entscheidet, hängt von den örtlichen Beschaffenheiten ab.

Von größter Wichtigkeit ist das Verständnis der mittleren Haltung, die das Herzstück aller Haltungen darstellt. Bildlich gesprochen steht die mittlere Haltung für den General, dem die anderen vier Haltungen folgen.

Der Weg des Langschwertes

Der Weg des Langschwertes bedeutet, das Schwert leicht mit zwei Fingern handhaben zu können.

Wenn man versucht, das Langschwert schnell zu führen, missversteht man den Weg. Das Langschwert gut zu führen, bedeutet, es ruhig und entspannt zu führen. Wer versucht, es schnell zu führen, wie einen Fächer oder ein Kurzschwert, der irrt und setzt es hackend wie ein Kurzschwert ein. Mit dieser Methode kann man mit einem Langschwert keinen Mann niederstrecken.

Wenn man mit dem Langschwert einen schneidenden Hieb nach unten ausgeführt hat, sollte man es sofort wieder aufrichten. Hat man zu den Seiten geschlagen, bringt man es auf gleichem Weg wieder zurück in die Ausgangsposition. Bring das Schwert in angemessener Weise wieder in die Ausgangsposition zurück, wobei die Ellbogen stets weit ausgestreckt sind. Schwing dein Schwert mit Kraft. Das ist der Weg des Langschwertes.

Wer die fünf Grundhaltungen meiner Kampfkunst einzusetzen lernt, wird dazu fähig werden, ein Schwert richtig zu führen. Dies muss regelmäßig geübt werden.

Die fünf Angriffsstellungen

Die erste Stellung ist die mittlere. Zeig mit der Schwertspitze auf das Gesicht deines Feindes. Greift er an, dann schlage sein Schwert nach rechts und halte es heruntergedrückt. Oder lenke die Schwertspitze deines Feindes, wenn er angreift, durch einen Schlag nach unten ab, halte dein Langschwert dann in dieser Position und treffe seine Arme von unten, wenn er erneut attackiert. Das ist die erste Methode.

Die fünf Stellungen laufen alle in dieser Form ab. Du solltest diese Stellungen mit deinem Langschwert wiederholt üben. Wenn du es auf meinem Weg des Langschwertes zur Meisterschaft bringst, wirst du dazu fähig sein, jeglichen Angriff des Feindes zu kontrollieren. Ich versichere dir, dass es keine weiteren Haltungen für das Langschwert gibt als die fünf Haltungen meiner Schule.

Die zweite Stellung für das Langschwert meint, dass man den Feind aus der oberen Haltung herab attackiert, sobald er angreift. Wenn der Feind deinem Hieb ausweicht, dann halte dein Langschwert in Position und zieh das Schwert in einer runden Bewegung von unten nach oben, sobald er erneut angreift. Dieser Vorgang kann wiederholt werden.

Bei dieser Methode gibt es verschiedene Varianten, was die geistige Einstellung und den richtigen Zeitpunkt angeht. Nur durch Training der Ichi-Schule wird man dies verstehen. Mit den fünf Methoden des Langschwertes wird man grundsätzlich siegen, wenn man regelmäßig trainiert.

Bei der dritten Stellung nimmt man die untere Haltung ein und sieht den Angriff des Gegners voraus. Sobald er angreift, schlägt man von unten auf seine Hände. Wenn er in diesem Fall versucht, dein Schwert nach unten zu schlagen, dann schneide in einer horizontalen und kreuzenden Bewegung über seine Arme. Aus der unteren Haltung triffst du den Feind also im Augenblick seines Angriffes.

Dieser Technik wird man sowohl als Anfänger als auch als Fortgeschrittener sehr häufig begegnen.

In der vierten Angriffsstellung nimmt man die linke Haltung ein. Greift der Feind an, trifft man seine Hände von unten. Wenn er versuchen sollte, dein Schwert nach unten abzuwehren, dann pariert man seinen Hieb zur Seite, wobei man das Gefühl hat, seine Hände zu streifen, und zieht dann das eigene Schwert diagonal nach oben.

Dies ist der wahre Weg des Langschwertes. Bei dieser Methode wirst du dadurch siegen, dass du die Angriffslinie deines Gegners durch eine abwehrende Technik durchbrichst.

In der fünften Angriffsstellung nimmt man die rechte Haltung ein. Im Gleichklang mit dem Angriff des Feindes zieht man das eigene Schwert diagonal hoch, bis man die obere Haltung erreicht. Dann zieht man das Schwert in einer geraden Linie herunter.

Diese Methode ist essenziell für den Weg des Langschwertes. Wenn du diese Methode einsetzen kannst, so beherrschst du selbst schwere Langschwerter mit Leichtigkeit.

Ich kann nicht in allen Einzelheiten beschreiben, wie diese fünf Stellungen eingesetzt werden. Du solltest dich gut mit meinem Weg vertraut machen, der »in Harmonie mit dem Langschwert« genannt wird. Du solltest die umfangreiche Technik vom Erkennen des richtigen Zeitpunktes erlernen, das Langschwert deines Feindes verstehen, dich von Beginn an mit den fünf Stellungen vertraut machen und verschiedene Zeiteinteilungen erwägen, um den Geist und die Absichten deines Feindes zu erkennen.

Die Lehre von der Einstellung, keine Einstellung zu haben

Diese innere Haltung bedeutet, dass keine Notwendigkeit dafür besteht, eine bestimmte Haltung des Langschwertes prinzipiell einzunehmen.

Dennoch gibt es die fünf Arten, ein Langschwert zu halten. Wie auch immer man das Schwert hält, muss dies so geschehen, dass man den Feind entsprechend der jeweiligen Situation, den örtlichen Gegebenheiten

矢田五郎右衛門藤原助武
馬廻り 禄二百石
忠勇義膽力量
衆人に超たり夜討のをりハ小笠原
長太郎を討て名誉を顯して死せる時
廿九才其子作十郎九才父の死を聞て涕泣
三十三
芳年画

und dem eigenen Abstand zu ihm gut treffen kann. Aus der oberen Haltung kann die mittlere Haltung eingenommen werden, wenn die eigene Aufmerksamkeit nachlässt. Aus der mittleren Haltung kann das Schwert dann wieder ein wenig angehoben werden, um die obere Haltung einzunehmen, falls die Situation dies erfordert. Ebenso kann man aus der unteren Haltung die mittlere einnehmen, wenn die Situation dies erfordert. Wenn man das Schwert je nach Situation aus der linken oder der rechten Haltung in die Mitte bringt, resultiert daraus die mittlere oder die untere Haltung.

Das Prinzip dessen wird »bestehende Haltung – nicht bestehende Haltung« genannt.

Wenn man ein Schwert in die Hand nimmt, sollte das primäre Ziel sein, mit allen verfügbaren Mitteln den Feind niederzustrecken. Ob man nun pariert, vorschnellt oder irgendwie mit dem Schwert des Feindes in Berührung kommt: Der Feind muss in der gleichen Bewegung getroffen werden. Wenn man einzig und allein daran denkt, entweder den Feind zu treffen oder vorzuschnellen oder zu blocken, wird man ihn tatsächlich nicht niederstrecken können. Mehr als alles andere muss man verinnerlichen, dass man eine Bewegung ausführt, die zugleich auch das Niederstrecken des Feindes bedeutet. Dies ist von großer Wichtigkeit.

Die Haltung in der Kampfkunst, wenn es um Kriege geht, nennt man »Schlachtordnung«. Solche Haltungen dienen dem Sieg in der Schlacht. Feste und unbewegliche Formationen sind schlecht. Dies gilt für große Schlachten genauso wie für den Zweikampf.

Den Feind »im Bruchteil einer Sekunde« niederstrecken

»Im Bruchteil einer Sekunde« bedeutet, den Feind so schnell und direkt niederzustrecken wie möglich. Dies sollte mit möglichst wenigen Bewegungen und zugleich konzentriertem Geist geschehen, wenn man sieht, dass der Feind unentschieden oder unsicher ist. Der richtige Zeitpunkt, ihn zu treffen, bevor er sich zurückzieht oder angreift, dauert nur den Bruchteil einer Sekunde. Es ist von großer Wichtigkeit, auf das Ziel hinzutrainieren, diesen Augenblick zu erkennen und augenblicklich zu nutzen.

Der Zeitpunkt des »zweifachen Hiebes«

Wenn du angreifst und der Feind weicht schnell zurück, musst du einen Hieb antäuschen, sobald du seine

Anspannung bemerkst. In genau dem Augenblick, in dem er sich wieder entspannt, musst du ihn erreichen und mit einem Hieb treffen. Dies ist der »zweifache Hieb«.

Durch bloßes Lesen dieses Buches ist dies kaum zu verstehen, doch mit ein wenig Ausbildung wird man es bald begreifen.

Der gestaltlose Hieb

Wenn der Feind angreift und du selbst entscheidest, ebenfalls in den Angriff zu gehen, dann triff mit deinem Körper, triff mit deinem Geist und triff mit deinem Schwert aus der Leere heraus mit einer sehr großen Beschleunigung.

Dies ist die wichtigste Methode des Treffens, die sehr häufig zum Einsatz kommt. Sie muss hart trainiert werden.

Der Hieb des fließenden Wassers

Der »Hieb des fließenden Wassers« wird eingesetzt, wenn man Klinge an Klinge mit dem Gegner ringt. Wenn der Gegner den Kontakt der Klingen unter-

朝英雄鏡
山本勘介晴幸
國芳画

bricht und sich schnell zurückzieht, um dann mit seinem Langschwert vorzuschnellen, sollte man Körper und Geist ausdehnen, wie fließendes Wasser sein und den Gegner möglichst langsam mit einem schneidenden Hieb treffen. Wenn man dies erlernt, wird man seine Waffe mit großer Bestimmtheit führen. Dazu sollte man die Fähigkeiten des Gegners richtig einschätzen können.

Der fortlaufende Hieb

Wenn der Feind und du gleichzeitig angreift und eure Schwerter aufeinandertreffen, dann triff seinen Kopf, seine Hände und seine Beine mit einer Bewegung deines Schwertes. Wenn man mit einem Streich mehrere Treffer erzielt, heißt das »der fortlaufende Hieb«. Diese Technik wird häufig eingesetzt und sollte daher gründlich studiert werden.

Der Feuerstein-Hieb

Dieser Hieb bedeutet, dass man so kräftig wie möglich zuschlägt, ohne das eigene Schwert auch nur ein wenig anzuheben, und zwar in dem Augenblick, wenn das eigene und das Schwert des Feindes aufeinandertreffen. Dazu muss man mit Oberkörper und Beinen sehr schnell und kräftig sein. Auch diese Technik wird häufig eingesetzt und sollte viel trainiert werden.

Der Hieb des fallenden Blattes

Beim »Hieb des fallenden Blattes« schlägt man das gegnerische Langschwert nieder. Der eigene Geist sollte dabei das gegnerische Schwert kontrollieren. Wenn der Feind direkt vor dir steht und eine bestimmte Haltung eingenommen hat und in den Angriff übergehen will, dann triff sein Schwert mit aller Kraft und führ den »Feuerstein-Hieb« aus. Nimm dabei vielleicht die geistige Haltung des »gestaltlosen Hiebes« an. Wenn du die Spitze seines Schwertes dann mit einem Gefühl der Unnachgiebigkeit und des Haftens niederschlägst, wird er das Schwert notwendigerweise senken oder gar fallen lassen. Wenn du diese Technik regelmäßig übst, wird es dir leichtfallen, dem Feind die Waffe aus der Hand zu schlagen.

Der Körper anstatt des Schwertes

Gewöhnlicherweise bewegen wir Körper und Schwert zur gleichen Zeit, um den Feind zu treffen. Wenn man sich der Haltung des Gegners angepasst hat, bewegt man zuerst den Körper auf ihn zu und anschließend das Schwert. Auch ohne Körperbewegung kann man zuerst mit dem Schwert treffen, doch im Allgemeinen bewegt man zuerst den Körper und dann das Schwert.

Hieb und Streich

Ein Hieb und ein Streich sind zwei unterschiedliche Angelegenheiten. Der Hieb, welche Form er auch immer hat, ist entschlossen und wird auch mit entschlossenem Geist ausgeführt. Beim Streich wird der Gegner bloß zufällig berührt. Auch wenn der Streich kräftig ist und den Tod des Gegners zur Folge hat, bleibt es nur ein Streich. Bei einem Hieb ist der Geist fest entschlossen. Das muss unbedingt verstanden werden. Wenn zuerst ein Streich Hände oder Beine des Gegners trifft, sollte dann ein kräftiger Hieb folgen. Die Natur eines Streiches ist mit der Natur des Berührens vergleichbar.

Der chinesische Affe

Der »chinesische (kurzarmige) Affe« ist eine Technik, bei der die Arme nicht ausgestreckt werden. Das Ziel ist es, mit möglichst eng geführten Armen blitzschnell vorzustoßen, bevor der Gegner einen Hieb ausführen kann. Wenn du vorhast, deine Arme auszustrecken, bist du noch zu weit vom Gegner entfernt. Die Geisteshaltung sollte sein, sich mit seinem ganzen Körper in Richtung des Feindes zu bewegen. Hat man die richtige Reichweite zum Gegner, sollte es leicht sein, den Körper als Einheit zu bewegen.

Der klebende Körper[15]

Der Geist des »klebenden Körpers« meint, sich untrennbar an den Feind zu heften. Wenn du dich dem

15 In vielen Kampfkünsten eine mittlerweile etablierte Technik. Diese klebenden Techniken (im Tai Chi Chuan zum Beispiel *Tui Shou* oder *San Shou*) basieren auf dem Spiel zwischen den beiden basalen Energien *Yin* und *Yang*. So gibt man beispielsweise dem *Yang* des Gegners durch ein eigenes *Yin* nach, das dann wieder in *Yang* überführt wird, um dem Gegner zum Beispiel das Gleichgewicht zu nehmen. (Anm. d. Ü.)

Feind näherst, dann kleb förmlich mit deinem Körper an ihm. Manche Leute neigen bei dieser Technik dazu, ihren Kopf oder ihre Beine allzu schnell vorwärts zu bewegen, wobei der Rest des Körpers dann hinterherhinkt. Du solltest entschlossen an deinem Feind haften, sodass nicht der kleinste Raum zwischen euren Körpern entstehen kann.

In die Höhe strecken

Mit dieser Technik ist gemeint, dass man seinen Körper streckt, wenn man sich dem Gegner genähert hat. Man macht sich so größer als der Gegner. Man streckt seine Beine, Hüfte und den Hals, während man ihm gegenübersteht. Wenn man sich größer und überlegen fühlt, sollte man angreifen.

Das haftende Schwert

Wenn du und der Feind gleichzeitig mit euren Langschwertern angreift, sollte deine Klinge an der des Gegners mit einem klebenden Gefühl haften bleiben. Dadurch kannst du seinen Hieb aufnehmen und umleiten. Der Geist dieser Technik besteht nicht darin,

大石主税藤原良金
無禄 部屋住
良雄の嫡男にして母ハ但州
豆岡の藩石束源五
兵衛の女なり良金
誓の列に入り翌年
九月小野寺と共に武州川崎にて
元服し討入の時ハ
死をる時十六才辞世

das eigene Schwert kräftig zu führen, sondern es ruhig zu führen, sodass die Klingen stetig aneinanderkleben. Es ist wichtig zu verstehen, dass es einen Unterschied zwischen »haften« und »verfangen« gibt. Ersteres ist entschlossen, Letzteres schwach.

Der Stoß mit dem Körper

Diese Technik bedeutet, sich dem Feind durch eine Lücke in seiner Deckung zu nähern. Das Ziel besteht darin, ihm einen Stoß mit dem eigenen Körper zu versetzen. Das Gesicht wird dabei ein wenig zur Seite gedreht und die Brust des Feindes mit der vorgestreckten linken Schulter getroffen. Der Feind sollte dabei weggestoßen werden, wobei Atem und der möglichst kräftige Stoß im Einklang sind[16]. Wenn man diese nahe Technik beherrscht, wird man dazu fähig sein, den Gegner mehrere Meter weit wegzustoßen. Es ist sogar möglich, den Gegner mit dieser Technik zu töten.

---

16 Der Stoß wird in diesem Fall nicht rein muskulär oder mechanisch ausgeführt, sondern mit *Ki* bzw. *Qi*. (Anm. d. Ü.)

Drei Wege, einen Angriff zu parieren

Es gibt drei Methoden, einen Schwerthieb abzuwehren.

Die erste Methode besteht darin, das Schwert des Feindes zu deiner rechten Seite hin wegzuschlagen, als ob man dabei versucht, seine Augen auszustechen.

Die zweite Methode, einen Angriff zu parieren, meint, das Langschwert des Gegners in Richtung seines rechten Auges wegzustoßen. Dabei hat man das Gefühl, als ob die eigene Schwertspitze nach dem Hals des Feindes »schnappt«.

Die dritte Technik betrifft das Kurzschwert. Ohne sich um das Parieren des gegnerischen Langschwertes zu kümmern, schnellt man vor und schlägt ihm mit der linken Faust ins Gesicht.

Dies sind die drei Abwehrtechniken. Man sollte sich stets daran erinnern, dass man jederzeit die linke Faust ballen und dem Gegner ins Gesicht schlagen kann. Das sollte gut trainiert werden.

Nach dem Gesicht stechen

Wenn du deinem Feind gegenüberstehst, solltest du darauf ausgerichtet sein, jederzeit nach seinem Gesicht stechen zu können. Berühren sich eure Schwerter, so zieh deine Klinge über seine, wobei deine Schwertspitze auf sein Gesicht zielt. Wenn der Feind diese Absicht bemerkt und ihn dies verunsichert, dann gibt es verschiedene Wege zum Sieg. Wenn man kämpft und den Körper des Feindes beherrschen kann, so kann man sehr schnell siegen, indem man in Richtung seines Gesichts sticht. Diese Technik ist von großem Wert.

Nach dem Herz stechen

»Nach dem Herz stechen« beschreibt eine Technik, die man anwendet, wenn es zu den Seiten und nach oben und unten Blockaden gibt, also wenn es schwierig ist, einen Hieb oder einen Stoß auszuführen. Du musst mit ruhiger Schwertspitze nach der Brust deines Feindes stechen, wobei du seine Klinge mit der Breitseite deines Schwertes abwehrst. Diese Technik ist sehr sinnvoll, wenn man ermüdet oder das Schwert aus irgendeinem Grund stumpf ist. Man sollte die Bedeutung dieser Anwendung unbedingt verstehen.

Der Kampfschrei[17]

Wenn der Gegner auf deinen Angriff mit einem Gegenangriff reagiert, führst du einen sehr schnellen Hieb aus, wobei du einen Schrei in seine Richtung ausstößt. Führ den Hieb sehr schnell aus und schreie »Tot!«. Wichtig dabei ist, den Schrei simultan zum Erheben des Schwertes auszustoßen. Der richtige Schrei muss wiederholt geübt werden.

Die stoßende Abwehr

Wenn eure Schwerter aufeinanderprallen, begegnet man dem feindlichen Angriff in einem bestimmten Rhythmus, während man das gegnerische Schwert zur Seite stößt und dann einen Hieb ausführt. Diese Abwehrtechnik besteht nicht darin, das gegnerische Langschwert besonders kräftig wegzustoßen, sondern dies in Einklang mit dem gegnerischen Angriff zu machen.

---

17 In den japanischen Kampfkünsten, wie zum Beispiel dem Karate, gibt es zahlreiche Kampfschreie. Der japanische Begriff *Kiai* setzt sich aus *Ki* (Lebensenergie) und *Ai* (Einheit) zusammen. (Anm. d. Ü.)

Das primäre Ziel besteht auch nicht in der Abwehr, sondern darin, den Gegner schnell zu treffen. Beim Wegstoßen sind der richtige Zeitpunkt und der richtige Rhythmus wichtig. Unabhängig davon, wie kräftig eure Schwerter auch immer aufeinanderprallen, sollte deine Schwertspitze dabei kein bisschen zurückgedrückt werden. Dies muss gründlich studiert werden.

Der Kampf gegen mehrere Gegner

Zieh sowohl das Begleitschwert als auch das Langschwert und nehme eine raumeinnehmende linke und rechte Kampfstellung ein, wenn du alleine gegen mehrere Gegner kämpfst. Das Ziel ist es, die Feinde hin und her zu jagen, auch wenn sie aus allen vier Richtungen kommen. Beobachte ihre Angriffsordnung und stell dich dem zuerst, der auch zuerst angreift. Du solltest alles im Blick haben, während du ihre Angriffsordnung vorsichtig musterst und abwechselnd mit deinen Schwertern nach rechts und links Hiebe austeilst. Abwarten ist schlecht. Reagiere schnell zu beiden Seiten und triff die Feinde, sobald sie aufrücken, und schmettere sie in die Richtung zurück, aus der sie gekommen sind. Was auch immer man tut: Man sollte die Feinde so zusammentreiben, dass sie wie auf eine Schnur auf-

一勇斎國芳画

gezogen sind. Sobald sie dann nahe beisammen sind, schlage man sie kräftig nieder, ohne ihnen Bewegungsspielraum zu geben.

Der Vorteil im Kampf

Du kannst wissen, wie man mit dem Langschwert durch die Kampfkunst den Sieg erringt, doch ist es schwer, dies mit Worten zu erklären. Man muss fleißig üben, um dies zu verstehen.

In der mündlichen Überlieferung heißt es: »Der wahre Weg der Kampfkunst liegt im Langschwert verborgen.«

Der eine Hieb

Mit der geistigen Einstellung des »einen Hiebes« wird man mit großer Gewissheit siegen. Wenn man sich in der Kunst des Kampfes jedoch nicht fleißig übt, wird dieses Ziel schwer zu erreichen sein. Wenn man fleißig trainiert, so wird die Kampfkunst von Herzen kommen und man wird fähig sein, durch seinen Willen zu gewinnen.

Überlieferung

Der Geist der Überlieferung meint den wahren Weg, wie das *Niten Ichiryû* erhalten und weitergegeben werden kann. Überliefere diesen Weg mündlich, indem du deine Kampfkunst lehrst.

Nachwort

Was im »Buch des Wassers« berichtet wurde, ist ein Umriss der Ichi-Schule des Schwertkampfes.

Folgendes sollte bedacht werden, um zu erlernen, wie man mit der Kampfkunst des Langschwertes den Sieg davonträgt. Zuerst sollten die fünf Schwerthaltungen und die fünf Angriffsstellungen erlernt werden. Die Kunst des Langschwertes sollte dabei auf natürlichem Wege in dein Blut übergehen. Dann sollten die geistige Einstellung und der richtige Zeitpunkt verstanden werden. Halte das Schwert auf natürliche Weise und bewege deinen Körper immer in Harmonie mit deinem Geist. Der Wert der Kampfkunst liegt nicht allein darin, einen oder mehrere Gegner zu besiegen.

Studiere den Inhalt dieses Buches Stück für Stück und du wirst durch die Anwendung im Kampf die Prinzipien der Kampfkunst nach und nach begreifen.

Integriere die hier beschriebenen Vorteile mit Geduld und wende sie von Zeit zu Zeit in einem direkten Kampf an. Erinnere dich jedoch an den Geist dessen, sobald du die Schwerter mit einem Feind kreuzt.

Auch einen langen Weg bewältigt man Schritt für Schritt.

Du wirst die Kunst des Kampfes viele Jahre studieren und dann den wahren Geist des Kriegers erlangen. Heute solltest du über dich selbst siegen und morgen kannst du den Sieg über unbedeutende Männer erringen. Als Nächstes kannst du erfahrenere Männer besiegen. Dafür solltest du dieses Buch studieren und deinem Herz nicht gestatten, einen verschlungenen Nebenpfad einzuschlagen. Selbst das Töten eines Mannes ist nicht Teil des wahren Weges, wenn es nicht auf dem basiert, was du zuvor erlernt hast.

Wenn du diese Kunst zu siegen erlernst, wirst du imstande sein, Dutzende Männer zu besiegen. Was bleibt, ist die Kunst des Schwertkampfes, die in vielen Kämpfen und Schlachten erlernt wurde.

Für Terao Magonojô, 12. Mai 1645,
Shinmen Musashi

Das Buch des Feuers

In dem »Buch des Feuers« beschreibe ich die Kampfkunst des *Niten Ichiryû* als Feuer.

Zuallererst denken die Leute an den Nutzen der Kampfkunst. Dies ist zu eingeengt gedacht. Wenn sie nur ihre Fingerspitzen einsetzen, dann kennen sie auch nur den Nutzen eines kleinen Teils der Hand. Ein Wettkampf, wie zum Beispiel mit dem Fächer, wird bloß anhand des Unterarmbereiches entschieden. Sie trainieren ihre Fingerfertigkeit, indem sie sich auf solche belanglosen Angelegenheiten spezialisieren wie die Handbewegungen bei Übungen mit dem Bambusschwert.

In meiner Kampfkunst geht es hingegen darum, das Töten des Feindes zu erlernen, um das eigene Überleben zu kämpfen, die tiefere Bedeutung von Leben und Tod zu entdecken, die Kunst des Schwertkampfes zu erlernen, gegnerische Angriffe richtig einzuschätzen und den Weg von »Klinge und Schneide« zu begreifen.

Man kann von kleinen Techniken nicht profitieren, vor allem nicht, wenn im Kampf volle Rüstung[18] getragen wird. Mein Weg der Kampfkunst ist die sichere Methode, den Kampf ums eigene Leben zu gewinnen, auch wenn man allein gegen zehn Feinde kämpft. Es ist nichts falsch an dem Prinzip »ein Mann kann zehn andere besiegen, so können tausend Männer zehntausend andere besiegen«. Dies sollte gründlich studiert werden. Man kann für das tägliche Training natürlich nicht tausend oder zehntausend Männer versammeln. Du kannst nur dann ein Meister der Kampfkunst werden, wenn du auf eine solche Weise alleine mit dem Schwert trainierst, dass du deine Kampfkunst, Stärke und dein Potenzial immer tiefer verstehst und dadurch auch die Kampfkunst, Stärke und das Potenzial deines Feindes. Dann wirst du auch irgendwann einschätzen können, wie man die Kampfkunst einsetzt, um zehntausend Männer zu besiegen.

Ein jeder Mann, der den Kern meiner Kampfkunst meistern möchte, muss fleißig trainieren und von

---

18 Die japanische Rüstung (allgemein *Yoroi*) hieß zu Zeiten Musashis Nanbandô und war zum Teil aus Eisen gefertigt. Die traditionelle Rüstung der Samurai, die aus vielen einzelnen Elementen bestand und so eine hohe Beweglichkeit ermöglichte, bestand größtenteils aus Leder und verschiedenen Metallspangen. (Anm. d. Ü.)

morgens bis abends an sich arbeiten. Dadurch verleiht er seinen Fertigkeiten den nötigen Feinschliff, befreit sich von sich selbst und erlangt außergewöhnliche Fähigkeiten. Er wird übernatürliche Kräfte entwickeln.

Dies ist das praktische Ergebnis meiner Kampfkunst.

Die Abhängigkeit vom Ort

Beobachte deine Umgebung sehr aufmerksam.

Der Stand zur Sonne bedeutet, eine Stellung einzunehmen, bei der du die Sonne im Rücken hast. Wenn die Situation dies nicht erlaubt, solltest du unbedingt versuchen, die Sonne zur rechten oder linken Seite zu haben. In Gebäuden solltest du den Eingang in deinem Rücken oder zu deiner rechten Seite haben. Stell sicher, dass sich hinter dir keine Hindernisse befinden und du zu deiner Linken freien Raum hast. Die rechte Seite muss genug Platz bieten, um die seitliche Schwerthaltung einzunehmen. Auch in der Nacht, wenn der Feind noch erkannt werden kann, solltest du ein Feuer in deinem Rücken und einen Eingang zu deiner Rechten haben. Anderenfalls nimm einfach die oben beschriebene Stellung ein. Du solltest einen geringfügig höher liegenden Platz als dein Feind einnehmen, damit du auf ihn herabschauen kannst. In Häusern zum Beispiel ist der *kamiza*[19] ein solch erhöhter Platz.

Wenn es zum Kampf kommt, solltest du dich stets darum bemühen, den Feind auf deine linke Seite zu treiben. Treib ihn auf sperriges und schwieriges Gelände und versuche, ihn dort zu stellen, sodass er das für ihn gefährliche Gelände in seinem Rücken hat. Wenn der Feind in eine unangenehme Position kommt, lass ihn sich nicht umschauen, aber jag ihn gewissenhaft umher, bis du ihn niederstreckst. In Häusern sollte der Feind in Richtung der Türschwellen, Fensterstürze und Pfeiler getrieben werden. Lasse ihn auch hier auf keinen Fall die Lage überblicken.

Treib den Feind immer in Umgebungen, in denen er schlechten Halt oder Hindernisse zu seinen Seiten hat. Nutz die Vorteile des Ortes, um dir eine überlegene Kampfposition zu sichern. Du solltest dies sehr gut ergründen und trainieren.

---

19 Oder auch *kamidana* ist der Hausaltar (shintoistisch). Hier werden Ahnen oder lokale Gottheiten geehrt. (Anm. d. Ü.)

奉

Die drei Methoden, dem Feind zuvorzukommen

Die erste Methode, dem Feind zuvorzukommen, ist der Angriff. Diese Methode heißt *ken no sen.*

Eine andere Methode besteht darin, ihm zuvorzukommen, wenn er angreift. Diese Methode wird *tai no sen* genannt.

Die dritte Methode findet bei einem gleichzeitigen Angriff statt. Sie heißt *tai tai no sen.*

Es gibt neben diesen drei Methoden keine weiteren, um die Führung zu übernehmen. Da man sehr schnell gewinnt, wenn man die Führung übernimmt, ist dies eine der wichtigsten Angelegenheiten in der Kampfkunst. Verschiedene Dinge spielen dabei eine Rolle. Der größtmögliche Vorteil muss aus jeder Situation gezogen werden. Man sollte den Geist des Gegners erfassen, sodass man seine Kampfkunst begreift und ihn besiegen kann. Es ist unmöglich, dies im Detail zu beschreiben.

ken no sen

Bleibe ruhig, schlage blitzschnell zu und komm deinem Gegner zuvor, wenn du dich für den Angriff entscheidest. Oder du erlangst den Vorteil, indem du scheinbar stark bist, jedoch eine zurückhaltende geistige Einstellung besitzt. Du kommst dem Feind dabei aus dieser Zurückhaltung zuvor.

Eine andere Möglichkeit besteht darin, den Geist so stark wie möglich zu fokussieren, den Feind mit schneller Beinarbeit zu verunsichern und ihn dann punktgenau zu überwältigen.

Alternativ dazu kann man mit ruhigem Geist angreifen, wobei man das Gefühl hat, den Feind fortwährend zu bedrängen. Das Ziel ist der Sieg über den Feind durch tiefes und schnelles Vordringen.

tai no sen

Lass dich nicht berühren, aber täusch Schwäche vor, wenn der Feind angreift. Wenn er dich erreicht, bewegst du dich plötzlich weg, wobei du vorgibst, zur Seite zu springen. Sobald du siehst, dass sich der Feind entspannt, gehst du kräftig gegen seinen Angriff vor. Das ist eine Möglichkeit.

Wenn der Feind angreift, ist dein Gegenangriff sogar noch kräftiger. Dabei versuchst du, ihn aus seinem Rhythmus zu bringen, und nutzt den daraus resultierenden Vorteil, um zu siegen. Das ist das *tai no sen*.

tai tai no sen

Führt der Feind einen schnellen Angriff aus, so muss dein Angriff kräftig und ruhig sein. Kommt er näher, dann ziel auf seine Schwachpunkte und strecke ihn kraftvoll nieder.

Greift der Feind besonnen an, solltest du seine Bewegungen beobachten und dich mit fließenden Körperbewegungen an seine Bewegungen anpassen, sobald er sich nähert. Bewege dich schnell und schlage kräftig zu. Dies ist das *tai tai no sen.*

Worte reichen nicht aus, um diese drei Methoden hinreichend zu erläutern. Das hier Geschriebene muss wohl studiert werden. Beim Zuvorkommen muss die Situation richtig beurteilt werden. Das bedeutet nicht, dass man grundsätzlich als Erster angreift. Greift der Feind jedoch zuerst an, kann man ihn führen, also seine Bewegungen steuern. In der Kampfkunst hat man dann gewonnen, wenn man seinem Gegner zuvorkommt. Es ist sehr wichtig, dies gründlich zu studieren.

Das Kissen niederdrücken[20]

»Das Kissen niederdrücken« bedeutet, dem Feind nicht zu erlauben, sein Haupt zu erheben. In Wettkämpfen der Kampfkunst ist es schlecht, von seinem Gegner geführt zu werden. Du musst stets dazu fähig sein, deinen Gegner zu führen. Offensichtlich wird dies der Feind ebenfalls vorhaben, aber er wird dir nicht zuvorkommen können, wenn du ihm nicht gestattest, sein Vorhaben umzusetzen und herauszukommen. Kampfkunst bedeutet, den Feind aufzuhalten, wenn er einen Hieb ansetzt. Du musst seinen Vorstoß zurückstoßen und ihn aus dem Gleichgewicht bringen, wenn er dich angreifen will.

Wenn du dieses Prinzip verinnerlicht hast, spielt es keine Rolle, wie sich der Feind im Kampf verhält. Du wirst sein Vorhaben rechtzeitig erkennen und es verhindern. Die geistige Haltung dabei ist, einen Vorstoß, einen Hieb oder allgemein einen Angriff des Feindes zu erkennen, sobald er zu diesem ansetzt.

In der Kampfkunst ist es wichtig, sinnvolle Aktionen des Feindes zu unterbinden, sinnlose Aktionen

---

20 Zu Musashis Zeiten bestanden Kissen aus hölzernen Stützen *(makura)*, auf die man seinen Kopf legt.

aber zu erlauben. Ausschließlich dies zu tun, ist jedoch defensiv. Zuallererst musst du dich an den Weg halten, wie man die Techniken des Feindes unterbindet, seine Pläne durchkreuzt und ihn dadurch unmittelbar beherrscht. Wenn du dies kannst, dann bist du ein Meister der Kampfkunst. Die Technik »das Kissen niederdrücken« muss aufmerksam studiert werden.

Die Furt durchqueren

Dies bedeutet zum Beispiel, einen See an einer engen Stelle zu passieren oder ein großes Meer an einer geeigneten Stelle zu überqueren. Ich glaube, dass »eine Furt durchqueren« jedem Mann in seinem Leben häufig begegnen wird. Es bedeutet, Segel zu setzen, auch wenn die eigenen Freunde noch im Hafen verweilen. Es bedeutet, die Route zu kennen und zu wissen, wie zuverlässig dein Schiff ist, und die Gunst des Tages zu erkennen. Wenn diese Bedingungen alle gegeben sind und der Wind günstig steht, es sogar Rückenwind gibt, dann setz die Segel. Wenn der Wind einige Meilen vor dem Ziel dreht, so muss das letzte Stück gerudert werden.

Der Geist dessen zeigt sich im täglichen Leben. Denk nur daran, eine Furt zu durchqueren.

In der Kampfkunst ist diese Technik ebenfalls wichtig. Erkenne die Leistungsfähigkeit deines Feindes und »durchquer die Furt« an einer vorteilhaften Stelle, indem du deine eigenen Stärken kennst, so wie ein guter Kapitän eine See überquert. Wenn du die Furt erfolgreich überquert hast, dann kannst du zur Ruhe kommen.

»Die Furt zu durchqueren« meint, die Schwachstellen des Gegners zu attackieren und sich selbst in eine vorteilhafte Situation zu bringen. Der Geist dessen ist sowohl für große Schlachten als auch im Kampf Mann gegen Mann notwendig, um den Überblick zu behalten und das große Ganze erfassen zu können.

Den Feind kennen

Dies heißt, die Einstellung des Feindes in einer Schlacht zu kennen. Erblühen seine Kräfte oder lassen sie nach? Durch das Beobachten der geistigen Einstellung des Feindes und das Einnehmen der besten Position kann man begreifen, wie der Feind ausgerichtet ist, und sich und seine Männer darauf einstellen. Man gewinnt durch dieses Prinzip, wenn man aus einer vorteilhaften Position angreift.

In einem Zweikampf musst du dem Feind zuvorkommen und angreifen, sobald du verstanden hast, wie seine Kampfkunst funktioniert, und seine Qualitäten, Stärken und Schwachpunkte bemerkt hast. Greif auf eine unerwartete Art und Weise an, indem du seine Einstellung und den dazugehörigen Rhythmus begreifst.

»Den Feind kennen« meint, dass man mit großen Fähigkeiten die Dinge richtig einschätzt. Wenn du es in der Kampfkunst zur Vollkommenheit gebracht hast, wirst du die Absichten des Feindes erkennen und dir dadurch viele Gelegenheiten für den Sieg verschaffen.

Das Schwert niedertreten

»Das Schwert niedertreten« ist ein häufig eingesetztes Prinzip in der Kampfkunst. Wenn der Feind in großen Schlachten zuerst Pfeil und Bogen oder Schusswaffen einsetzt und dann zum Angriff übergeht, dann ist es für uns schwer anzugreifen, wenn wir damit beschäftigt sind, auch unsere Bögen zu spannen oder Waffen zu laden. Das Ziel besteht darin, möglichst schnell anzugreifen, während der Feind noch mit Bögen oder Schusswaffen auf uns schießt. Man gewinnt dadurch, dass man ihn »niedertritt«, solange man seinen Angriff erwartet.

Im Zweikampf können wir durch einen einfachen Hieb, der einfach nur eine Folge des gegnerischen Angriffs ist, keinen endgültigen Sieg davontragen. Wir müssen ihn gleich zu Beginn seiner Attacke mit dem Ziel angreifen, ihn niederzustampfen oder niederzutreten, sodass er sich nicht mehr für einen erneuten Angriff erheben kann.

»Niedertreten« bedeutet nicht einfach ein Tritt mit dem Fuß. Tritt mit deinem ganzen Körper, tritt mit deinem Geist, tritt mit deinem Langschwert. Du musst das Ziel erreichen, dem Feind nicht zu gestatten, ein zweites Mal anzugreifen. Dies bedeutet, ihm in jedem Sinne zuvorzukommen. Einmal in Kontakt mit dem Feind, solltest du nicht bloß anstreben, ihn zu treffen, sondern vielmehr an ihm kleben. Dies ist von tiefer Bedeutung und muss sorgfältig ergründet werden.

Den »Zusammenbruch« erkennen

Alles kann zusammenbrechen. Häuser, Körper und Feinde brechen zusammen, wenn ihr natürlicher Rhythmus aus dem Gleichgewicht gebracht wird.

Wenn der Feind in einer Schlacht zusammenzubrechen beginnt, musst du ihm nachsetzen. Er darf keine Möglichkeit zur Flucht bekommen. Wenn man

den Vorteil seines Zusammenbruchs nicht nutzt, wird der Feind sich vielleicht erholen.

Auch im Zweikampf bricht der Feind manchmal zusammen. Wenn du diesen Vorteil ungenutzt weiterziehen lässt, regeneriert er vielleicht und ist anschließend weniger nachlässig. Beobachte genau, ob dein Gegner zusammenbricht, und verfolg ihn. Attackiere ihn so, dass er sich nicht mehr erholen kann. Der jagende Angriff wird von einem starken Geist ausgeführt. Du musst deinen Feind vollständig niederschmettern, sodass er seine alte Position nicht wiedergewinnen kann.

Zum Feind werden

»Zum Feind werden« bedeutet, sich in die Situation des Feindes hineinzuversetzen. Die Menschen denken, dass ein Dieb, der in einem Haus verschanzt ist, ein starker Gegner ist. Wenn wir allerdings daran denken, »zum Feind zu werden«, fühlen wir, dass die gesamte Welt gegen uns ist und es kein Entkommen gibt. Derjenige, der eingeschlossen ist, gleicht einem Fasan. Derjenige, der das Haus betritt, um den Dieb zu verhaften, gleicht einem Falken.

In Schlachten stehen die Leute immer unter dem Eindruck, dass der Feind stark sei. Daher neigen sie dazu, zaghaft zu werden. Wenn du allerdings gute Soldaten hast und die Regeln der Kampfkunst begreifst und weißt, wie man den Gegner schlagen kann, dann gibt es nichts zu befürchten.

Auch im Zweikampf musst du dich in die Situation des Feindes hineinversetzen. Wenn du glaubst, dass du einem wahrhaften Meister der Kampfkunst gegenüberstehst, dann wirst du sicherlich verlieren.

Vier Hände befreien

Dieses Prinzip wird angewendet, wenn du und dein Feind mit gleichem Geist kämpft und die Angelegenheit nicht entschieden werden kann. Gib die Idee auf, dass sich die vier Hände gegenseitig blockieren, und du wirst auf einem anderen Weg zum Sieg gelangen.

Wenn es in einer Schlacht zu einer solchen Situation kommt, so gib nicht auf – es geht um das Leben der Männer. Gib diese Einstellung augenblicklich auf und gewinne mit einer Technik, die der Gegner nicht erwartet.

Auch im Zweikampf müssen wir den Feind durch das Ändern unserer geistigen Einstellung besiegen,

井の頭の池弁財天の社雪の景
廣重画

wenn wir in eine Situation der »vier Hände« gelangt sind. Du musst die Situation richtig einschätzen und eine Technik anwenden, die der Verfassung des Feindes angemessen ist.

Den Schatten bewegen

»Den Schatten bewegen« wird eingesetzt, wenn man den Geist des Feindes nicht erkennen kann.

Wenn man in großen Schlachten die Position des Feindes nicht sehen kann, deutet man einen starken Angriff an, um seine Ressourcen zu enttarnen. Dann ist es leicht, ihn mit einer anderen Methode zu besiegen.

Wenn der Feind in einem Zweikampf mit seinem Langschwert eine rückseitige oder seitliche Stellung eingenommen hat, sodass du seine Absichten nicht erkennen kannst, dann startest du einen fingierten Angriff, sodass der Feind in dem Glauben, deinen Geist erkannt zu haben, sein Langschwert zeigt. Gewinne einen Vorteil aus dem, was dir gezeigt wurde, und du wirst mit Gewissheit siegen. Wenn du nachlässig bist, wirst du den richtigen Zeitpunkt verpassen.

Den Schatten niederhalten

»Den Schatten niederhalten« wird verwendet, wenn du den Geist des feindlichen Angriffs erkennst.

Wenn der Feind in einer Schlacht einen Angriff beginnt und du vorgibst, seinen Angriff kräftig zurückzuwerfen, dann wird er seine Einstellung ändern. Ändere dann deine eigene geistige Einstellung und besieg ihn, indem du ihm durch den Geist der Leere zuvorkommst.

Auch im Zweikampf hält man auf diesem Weg die starken Absichten des Feindes zurück und besiegt ihn letztlich, indem man ihm zuvorkommt.

Das Übertragen

Von vielen Dingen wird gesagt, dass sie übertragen werden. Müdigkeit und Gähnen können übertragen werden. Zeit kann ebenfalls übertragen werden.

Wenn der Feind in einer Schlacht aufgeregt zu einem Angriff tendiert, lass dich davon nicht beeindrucken. Zeig völlige Gelassenheit und dein Feind wird sich davon anstecken lassen und entspannen. Wenn du bemerkst, dass sich sein Geist hat anstecken lassen, kannst du ihn mit einem kräftigen Angriff aus der Leere heraus niederstrecken.

Einen Zweikampf kann man gewinnen, indem man seinen Körper und Geist entspannt und auf den Moment lauert, in welchem sich der Feind davon anstecken lässt. Sobald dies geschieht, greift man schnell an und kommt ihm zuvor.

Was man als »jemanden betrunken machen« kennt, gleicht diesem Prinzip. Du kannst deinen Feind ebenfalls mit Langeweile, Achtlosigkeit oder einem ängstlichen Geist anstecken. Dies muss lange studiert werden.

Aus dem Gleichgewicht bringen

Vieles kann einen aus dem Gleichgewicht bringen. Ein Grund dafür ist Gefahr, ein anderer ist eine Notlage und ein weiterer Grund ist Überraschung. Man kann viele Gründe dafür finden.

In Schlachten ist es wichtig, den Verlust des Gleichgewichts herbeizuführen. Greif ohne Warnung an, wenn der Feind dies nicht erwartet. Wenn der Feind dann unentschieden wirkt, so setz weiter nach, übernimm die Führung und besiege ihn.

Täusch in einem Zweikampf vor, langsam zu sein, doch greif dann plötzlich mit großer Kraft an. Ergreif deinen Vorteil zum Sieg, ohne ihm die Möglichkeit des Verschnaufens zu geben. Bekomme hierfür das richtige Gefühl.

In Schrecken versetzen

Diese Methode tritt häufig auf und wird durch das Unerwartete verursacht.

In Schlachten kann man die Feinde nicht nur durch das ängstigen, was sie mit ihren Augen sehen können, sondern auch durch Kriegsgeschrei, welches eine kleine Macht groß erscheinen lässt. Auch ein Angriff der Flanke ohne Vorwarnung kann diesen Effekt haben. Die Furcht des Gegners kann man dann nutzen, um den Sieg zu erlangen.

Auch im Zweikampf solltest du einen Vorteil daraus ziehen, den Feind mit deinem Körper, Langschwert oder deiner Stimme einzuschüchtern.

Das Aufsaugen

Wenn es zu einem Handgemenge mit dem Gegner kommt und ihr euch beide gepackt habt und du realisierst, dass du nicht im Vorteil bist, dann »saug ihn auf« und werde eins mit ihm. Während ihr dann so miteinander verhaftet seid, kannst du eine angemessene Technik anwenden und dadurch gewinnen.

Sowohl in Schlachten mit vielen Männern als auch in Kämpfen mit wenigen Männern kann man den entscheidenden Vorteil dadurch erlangen, dass man den Feind förmlich in sich aufnimmt. Man muss begreifen, dass man die Chance auf den Sieg verliert, wenn man den Feind entweichen lässt.

Die Ecken angreifen

Es ist nicht leicht, schwere und kräftige Dinge zu bewegen, indem man sie direkt von vorne angeht, also sollte man »die Ecken angreifen«.

In Schlachten ist es von Vorteil, die Flanken der feindlichen Armee anzugreifen. Hat man die Flanken überwältigt, wird sich dies geistig auf die gesamte Armee auswirken. Um den Feind zu besiegen, musst du weiter nachsetzen, wenn die Flanken gefallen sind.

Es ist sehr leicht, einen Zweikampf zu gewinnen, wenn der Gegner erst einmal zusammengebrochen ist. Dies passiert, wenn man »die Ecken« seines Körpers angreift und ihn dadurch schwächt. Es ist sehr wichtig, dies zu verstehen und umsetzen zu können.

Verwirren

Dies bedeutet, dem Feind seine Entschlossenheit zu nehmen.

In Schlachten können wir unsere Truppen so einsetzen, dass sie den Feind auf dem Schlachtfeld verwirren. Indem wir die geistige Einstellung des Gegners beobachten, können wir ihn darüber im Unklaren lassen, ob und wann und wie schnell und wo wir agieren. Der Sieg ist sicher, wenn der Feind in einem verwirrenden Rhythmus gefangen ist.

Im Zweikampf können wir den Feind dadurch verwirren, dass wir mit variierenden Techniken angreifen, wenn sich die Möglichkeit dazu ergibt. Täusch einen Hieb oder Stich an oder gib vor, dich dem Feind zu nähern, und trag dann leicht den Sieg davon, wenn du ihn verwirrt hast.

Das Verwirren ist für die Kampfkunst essenziell.

Die drei Schreie

Die drei Schreie werden entsprechend der Situation in *vorher*, *während* und *nachher* unterschieden.

Die Stimme ist ein Zeichen für Leben. Wir schreien gegen Feuer, Wind und Wellen an. Die Stimme erschafft Energie.

Zu Beginn einer Schlacht schreien wir so laut wie möglich. Während des Kampfes wird die Stimme gedämpft und während des Angriffs schreien wir lauthals. Nach der Schlacht schreien wir im Angesicht des Sieges. Dies sind die drei Schreie.

Im Zweikampf stoßen wir ein »E-ii« aus, wenn wir einen Hieb ausführen wollen, um den Gegner zu stören. Nachdem wir den Feind niedergeschlagen haben, schreien wir, um dem Sieg Ausdruck zu verleihen. Dies wird *sengo no koe*[21] genannt. Wir schreien jedoch nicht gleichzeitig mit dem Ausführen einer Schwerttechnik. In einem Kampf schreien wir auch, um unseren eigenen Rhythmus zu finden.

---

21 Der Schrei davor und danach. (Anm. d. Ü.)

Sich vermischen

Wenn zwei Armeen in einer Schlacht aufeinandertreffen, greift man die stärksten Punkte des Feindes an, und sobald man sieht, dass er zurückschlägt, zieht man sich zurück und greift einen anderen starken Punkt an der Peripherie seiner Armee an. Die geistige Einstellung dabei ist die eines sich schlängelnden Bergpfades.

In einem Kampf alleine gegen mehrere Gegner ist dies ebenfalls eine wichtige Methode. Man teile dazu die Feinde in kleinere Gruppen ein, greife dann einen Teil oder einen einzelnen Feind an und dränge die anderen dabei zurück. Greife zum richtigen Zeitpunkt die anderen zu deiner Rechten oder Linken an und sei dabei wie ein sich schlängelnder Bergpfad. Wenn du die Fähigkeiten deiner Feinde kennst, greifst du ohne einen Gedanken an Rückzug an.

Mit »sich vermischen« ist der Geist des Vorrückens und das am Gegner Verhaftetbleiben gemeint, ohne auch nur einen Schritt zurückzuweichen. Dies muss unbedingt verstanden werden.

Zerschmettern

Die Bedeutung dieser Methode ist, einen Gegner, den man für schwach hält, zu zerschmettern.

Wenn wir in Schlachten sehen, dass der Feind wenige Männer hat oder der Geist seiner zahlreichen Männer schwach und zerrüttet ist, so zerschmettern wir ihn mit einem Angriff. Wenn der Angriff zu schwach ist, erholt sich der Feind wieder. Die Natur dieses Prinzips muss ins Blut übergehen.

Im Zweikampf müssen wir den Gegner auf der Stelle zerschmettern, wenn er weniger Fähigkeiten hat als wir, sein Rhythmus unorganisiert ist oder wenn er ausweichendes oder zurückziehendes Verhalten zeigt. Wir zeigen kein Erbarmen und lassen ihm keinen Raum zum Atmen. Es ist essenziell, ihn mit einem Schlag zu zerschmettern. Es ist wichtig, ihm nicht eine Sekunde der Erholung zu lassen. Das muss gründlich erforscht werden.

Der Wechsel von Berg zu See

Dieses Prinzip liegt darin begründet, dass es schlecht ist, im Kampf gegen den Feind verschiedene Dinge zu wiederholen. Vielleicht gibt es keine Alternative dazu, etwas ein zweites Mal zu tun, doch tu es kein drittes Mal. Wenn du einmal mit einem Angriff gescheitert bist, gibt es wenig Aussicht auf Erfolg, wenn du die gleiche Technik erneut einsetzt.

Wenn der Feind an Berge denkt, solltest du wie die See attackieren. Denkt er an die See, solltest du wie der Berg sein.

In Tiefen vordringen

Wenn wir mit dem Feind kämpfen, kommt es vor, dass wir dank unserer Kunst offensichtlich gewonnen haben, aber der Kampfgeist des Feindes noch nicht erloschen ist. Er mag oberflächlich besiegt sein, aber tief in seinem Inneren ist er dies nicht. Mit dem Prinzip des »in Tiefen vordringen« können wir den Geist des Feindes in der Tiefe zerstören und ihn durch schnelle Änderungen unserer geistigen Einstellung demoralisieren. Dies geschieht häufig.

»In Tiefen vordringen« bedeutet, tief mit Langschwert, Körper und Geist vorzudringen. Dies kann nicht verallgemeinert veranschaulicht werden.

Haben wir den Feind erst einmal in seinen Tiefen zerschmettert, gibt es keine Notwendigkeit mehr, wei-

不破伴左衛門
一勇斎国芳画

かほらき
一勇斎国芳画

terhin kühn zu sein. Auf der anderen Seite müssen wir jedoch wachsam bleiben. Wenn der Feind nämlich beherzt bei der Sache bleibt, ist es schwierig, ihn zu zerschmettern. Das Prinzip des »in Tiefen vordringen« gilt sowohl für große Schlachten als auch für Zweikämpfe.

Erneuern

»Erneuern« wird angewendet, wenn wir mit dem Feind kämpfen und der Geist verwirrt wird, weil es scheinbar keine Lösung gibt. Wir müssen in diesem Fall unser Bestreben aufgeben und in einem frischen Geist neu über die Situation nachdenken. Dann können wir mit einem neuen Rhythmus gewinnen. »Erneuern« bedeutet, dass wir, ohne die äußeren Umstände zu verändern, unsere geistige Einstellung verändern, wenn wir im Kampf mit dem Feind festgefahren sind. Wir gewinnen schließlich durch eine andere Technik.

Es ist notwendig, sich zu überlegen, inwiefern man auch in großen Schlachten Nutzen aus diesem Prinzip gewinnen kann.

Rattenkopf und Ochsenschädel

Wenn es im Kampf mit dem Feind dazu kommt, dass wir uns mit ihm in Nebensächlichkeiten verheddern, müssen wir an dieses Prinzip denken. Wenn wir uns in kleinen Details festgefahren haben, sollten wir unvermittelt an das Große denken, indem wir das Kleine mit dem Großen austauschen. Es ist wie der Unterschied von Rattenkopf und Ochsenschädel.

Es ist notwendig, dass der Krieger jederzeit in diesem Geiste lebt. Er gilt sowohl für große Schlachten als auch für den Zweikampf.

Der General kennt seine Soldaten

In meiner Kampfkunst tritt das Prinzip »der General kennt seine Soldaten« überall in Kämpfen auf.

Die Weisheit der Kampfkunst einzusetzen, bedeutet auch, den Feind so zu behandeln, als gehöre er zu den eigenen Soldaten. Wenn du dies tust, kannst du ihn mit deinem bloßen Willen lenken und ihn umherjagen. Du wirst zum General und dein Feind zu deinem Soldaten. Dies muss zur Meisterschaft gebracht werden.

Den Schwertgriff loslassen

Es gibt verschiedene Möglichkeiten, dies zu tun.

Eine Möglichkeit besteht darin, ohne das Schwert gewinnen zu wollen. Es gibt weiterhin die Möglichkeit, mit dem Langschwert in der Hand nicht gewinnen zu können.

Die verschiedenen Möglichkeiten lassen sich nicht mit Worten beschreiben.

Der Körper des Felsen

Wenn du es in der Kampfkunst zur Meisterschaft gebracht hast, kannst du deinen Körper von einem Moment zum anderen wie einen Fels werden lassen. Zehntausend Männer können ihn nicht bewegen. Dies ist »der Körper des Felsen«.

Nachwort

Was in dem »Buch des Feuers« berichtet wurde, habe ich niedergeschrieben, wie es mir in den Sinn kam. Es sind meine Gedanken zur Kunst des Schwertkampfes der Ichi-Schule. Ich habe erstmals über meine Techniken geschrieben, sodass die Ordnung ein wenig verwirrend erscheinen mag.

Dieses Buch ist ein geistiger Führer für jene Männer, die meine Kampfkunst erlernen möchten.

Seit meiner Jugend beschäftige ich mich mit ganzem Herzen mit der Kunst des Kampfes. Ich habe mich dem Trainieren meiner Hand, der Mäßigung meines Körpers und dem Erreichen der vielen geistigen Haltungen des Schwertkampfes hingegeben. Wenn wir die Männer anderer Schulen dabei beobachten, wie sie über Theoretisches diskutieren oder sich auf Techniken mit ihren Händen konzentrieren, dann zeigen sie nicht den geringsten wahren Geist dabei, selbst wenn sie erfahren scheinen.

Natürlich trainieren Männer, die diesen Weg gehen, sowohl ihren Körper als auch ihren Geist, aber es ist nicht der wahre Weg und der schlechte Einfluss bleibt für immer bestehen. Der Weg der Kampfkunst ist dekadent geworden und stirbt allmählich aus.

Der wahre Weg der Kampfkunst ist die Fertigkeit, einen Mann im Kampf zu besiegen, und nichts anderes als dies. Wenn du die Weisheit meiner Kampfkunst begreifst und an ihr festhältst, wirst du niemals daran zweifeln, dass du gewinnen wirst.

Für Terao Magonojô, 12. Mai 1645,
Shinmen Musashi

Das Buch des Windes

In der Kampfkunst muss man die Wege der anderen Schulen kennen, also beschreibe ich in diesem »Buch des Windes« verschiedene andere Traditionen von Kampfkünsten.

Ohne Kenntnisse über die Wege anderer Schulen ist es schwer, die Essenz meines *Niten Ichiryû* zu verstehen. Wenn wir die anderen Schulen betrachten, erfahren wir, dass einige sich auf Techniken der Stärke bei dem Gebrauch des Langschwertes spezialisieren. Andere Schulen lehren den Weg des Kurzschwertes, das wir als *kodachi* kennen. Wiederum andere Schulen unterrichten die Fingerfertigkeit vieler verschiedener Schwerttechniken, indem sie Schwerthaltungen als das »Äußere« und den Weg selbst als das »Innere« lehren.

In diesem Buch zeige ich klar und deutlich, dass keine dieser Schulen den wahren Weg lehrt – mit all seinen Tugenden und Lastern und all seinen Vorteilen und Nachteilen. Mein *Niten Ichiryû* unterscheidet sich davon. Andere Schulen machen ihre Fertigkeiten zu einer Sache des Lebensunterhaltes, als ob sie Blumen züchten und stattdessen dekorativ gefärbte Waren verkaufen. Dies ist definitiv nicht der Weg der Kampfkunst.

Einige Kampfkünstler kümmern sich nur um den Schwertkampf und beschränken ihr Training darauf, das Langschwert zu schwingen und den Körper zu bewegen. Ist solche Fertigkeit aber ausreichend für den Sieg? Nein, dies ist nicht die Essenz der Kampfkunst.

In diesem Buch habe ich die unzureichenden Elemente der anderen Schulen Punkt für Punkt aufgezeichnet. Um die Vorteile meiner Schule nutzen zu können, müssen diese Angelegenheiten gründlich studiert werden.

Der Gebrauch des großen Langschwertes in anderen Schulen

Einige andere Schulen bevorzugen besonders lange Schwerter. Vom Standpunkt meiner Kampfkunst müssen diese Schulen als schwach betrachtet werden. Der Grund dafür liegt darin, dass sie nicht lernen, den Feind auf jede erdenkliche Weise niederzustrecken. Ihre Vorliebe gilt dem besonders langen Schwert und sie glauben, dass sie den Feind aus der Entfernung be-

siegen können, indem sie auf die Länge des Schwertes vertrauen.

Man sagt sich, dass »jeder Zentimeter mehr einen größeren Vorteil darstellt«, doch dies sind die nutzlosen Worte derjenigen, die die Kampfkunst nicht verstehen. Diese Worte verweisen auf die unterlegene Kampfkunst eines schwachen Geistes, bei der Männer von der Länge ihres Schwertes abhängig sein sollen und ohne die Vorzüge der wahren Kampfkunst aus der Distanz kämpfen.

Ich erwarte, dass es einen Grund für diese Schulen gibt, besonders lange Schwerter als Teil ihrer Lehre einzusetzen, doch wenn wir dies mit dem echten Leben vergleichen, ist es unvernünftig. Wir müssen nicht notwendigerweise besiegt werden, wenn wir ein Kurzschwert einsetzen.

Für diese Leute ist es aufgrund der Länge ihres Schwertes schwer, den Feind zu schlagen, wenn sie sich auf engem Raum befinden. Die Klinge ist lang und daher stellt das Schwert in einer solchen Situation eine Behinderung dar. Im Vergleich zu den Männern, die mit einem Kurzschwert bewaffnet sind, befinden sie sich im Nachteil.

Aus alten Zeiten wird überliefert, dass »Kleines und Großes zusammenpasst«. Du solltest also besonders lange Schwerter nicht voreingenommen ablehnen.

Ich lehne ab, dass man eine grundsätzliche Vorliebe für das Langschwert hat. Wenn wir an große Schlachten denken, können wir uns unter dem Begriff des Langschwertes ein großes Aufgebot und unter dem Begriff des Kurzschwertes ein kleines Aufgebot vorstellen. Können in einem Krieg nicht Wenige gegen Viele gewinnen? Es gibt viele Beispiele dafür, dass wenige Männer eine Übermacht besiegt haben.

Deine Kampfkunst ist ohne Bedeutung, wenn es auf engem Raum zum Kampf kommt oder du nur dein Kurzschwert mit dir führst und dein Herz aber das Langschwert bevorzugt. Darüber hinaus haben einige Männer nicht die Stärken anderer.

In meiner Lehre lehne ich voreingenommene und engstirnige geistige Einstellungen ab.

Der Geist des Langschwertes in anderen Schulen

Man sollte nicht von starken oder schwachen Langschwertern sprechen. Wenn man das Langschwert nur mit einem starken Geist führt, wird der Schwerthieb grob und ungenau. Dadurch wird man Probleme bekommen, den Sieg davonzutragen.

Wenn du also um die Stärke deines Schwertes besorgt bist, wirst du grundlos versuchen, mit ganzer Kraft zuzuschlagen und letztlich dein Ziel verfehlen. Es ist ebenfalls schlecht, mit Kraft zuzuschlagen, wenn man das Schwert nur testet. Wann immer du mit einem Feind die Schwerter kreuzt, darfst du nicht daran denken, ob dein Hieb stark oder schwach ist. Denk nur daran, zuzuschlagen und deinen Feind zu töten. Das Töten deines Feindes sollte dein einziges Ziel sein. Versuch dein Schwert also nicht kräftig und natürlich auch nicht schwach einzusetzen. Deine einzige Sorge sollte darin bestehen, deinen Feind zu töten.

Wenn du dich beim Aufeinandertreffen der Schwerter auf deine Kraft verlässt, wirst du unausweichlich zu hart zuschlagen. Wenn du dies dann tust, so kann dein Schwert zerbrechen. Damit hat der Ausspruch »die stärkste Hand gewinnt« keinerlei Bedeutung.

Hat man in einer Schlacht eine starke Armee und verlässt sich auf diese Stärke, der Feind hat jedoch ebenfalls eine starke Armee, wird es zu einem erbitterten Kampf kommen. Ohne die richtige Einstellung kann ein solcher Kampf nicht gewonnen werden.

Der Geist meiner Schule besagt, den Sieg durch die Weisheit der Kampfkunst zu erringen und Bagatellen keine Aufmerksamkeit zu schenken.

Das Kurzschwert in anderen Schulen

Es ist auch nicht der wahre Weg, nur ein Kurzschwert zu benutzen.

In alten Zeiten unterschied man *wakizashi* (das Kurzschwert) und *katana* (das Langschwert). Männer von überlegener Stärke können sogar ein Langschwert leicht führen, sodass es keinen Grund für sie gibt, ein Kurzschwert zu bevorzugen. Sie machen ebenfalls Gebrauch von der Länge von Speer und Hellebarde. Einige Männer verwenden ein kürzeres Langschwert mit dem Ziel, plötzlich vorzuschnellen und den Feind in einem unerwarteten Moment zu erstechen. Diese Neigung ist schlecht.

Darauf zu warten, dass der Feind unaufmerksam ist, bedeutet passiv und defensiv zu sein. Auf engem Raum mit dem Feind ist dies unerwünscht. Darüber hinaus kann man die Methode des Vorschnellens mit einem Kurzschwert nicht gebrauchen, wenn es viele Feinde sind. Einige Männer denken, dass sie mit einem Kurzschwert in einem Kampf gegen mehrere Feinde uneingeschränkt umherspringen und Hiebe austeilen können. Sie müssen jedoch ständig Hiebe des Feindes parieren und geraten eventuell in ein Handgemenge.

Zu dem wahren Weg der Kampfkunst steht dies im Widerspruch.

Der sichere Weg zum Sieg ist daher, den Feind anzugreifen, ihn umherzujagen und zu verwirren, damit er ausweicht und zur Seite springt. Deine Körperhaltung ist dabei stark und aufrecht. Das gleiche Prinzip gilt auch für große Schlachten. Die Essenz der Kampfkunst besteht darin, mit einer großen Zahl Männer über den Feind herzufallen und ihn prompt zu vernichten. Viele Leute üben sich während ihres Studiums der Kampfkünste darin, einen Angriff zu kontern, auszuweichen und sich zurückzuziehen, als wäre dies eine normale Sache. Sie machen ein solch defensives Verhalten zu ihrer Gewohnheit, sodass der Feind leicht über sie triumphieren kann.

Meine Kunst des Kampfes ist jedoch ehrlich und direkt. Du musst den Feind kontrollieren und ihm deinen Geist unterwerfen.

Die Techniken des Langschwertes in anderen Schulen

In anderen Schulen scheint es wohl üblich zu sein, eine Vielzahl von Techniken für das Langschwert anzubieten, um die Bewunderung der Anhänger zu gewinnen. Dies wird aus wirtschaftlichen Interessen getan und ist ein niederträchtiger Weg.

Es ist falsch zu denken, dass es viele Wege gibt, einen Mann zu töten. Beim Töten macht es keinen Unterschied, ob jemand in der Kampfkunst bewandert ist oder nicht. Sogar Frauen und Kinder können töten.

Das Ziel in der Kampfkunst besteht darin, den Feind zu besiegen, und hierfür benötigt man nicht viele Techniken. Je nach Umgebung und Umständen kann es jedoch vorkommen, dass man die Schwerthaltung verändern muss. Dafür gibt es die fünf Haltungen, die ich zuvor beschrieben habe. Techniken wie zum Beispiel das Drehen der Hand bei einem Hieb, das Krümmen des Körpers und der Sprung zur Seite, um den Feind zu treffen, widersprechen dem wahren Weg der Kampfkunst.

Um den Feind zu treffen, braucht man keine krummen Haltungen. Diese sind vollkommen sinnlos.

冠者義高
市川團十郎
國安画

In meiner Kunst des Kampfes werden Körper und Geist aufrecht gehalten und man tritt dem Feind kräftig und direkt entgegen. Es ist der Feind, der sich verdrehen und krümmen muss. Dann ist der Sieg über ihn sicher.

Die Schwerthaltungen in anderen Schulen

Es ist falsch, den Schwerthaltungen große Wichtigkeit zuzusprechen. Eine »Haltung« kann nur eingenommen werden, wenn kein Feind in der Nähe ist. Das Ziel besteht darin, den Feind zu besiegen, und dies erreicht man, indem man ihn in Bedrängnis bringt, und nicht, indem man eine Haltung einnimmt, bloß weil dies alte Tradition ist.

Haltungen sind für Situationen, in denen man sich nicht bewegt. Also für das Belagern einer Burg, das Halten einer Stellung in einer Schlacht und derartige Dinge. Dadurch zeigt man, dass man selbst von einem starken Gegner nicht bewegt werden kann. Wenn es zum Kampf kommt, musst du jedoch immer darauf vorbereitet sein, die Führung zu übernehmen und anzugreifen. Eine Haltung bedeutet bloß, im Geiste einen Angriff zu erwarten.

In Zweikämpfen musst du die Haltung deines Gegners verändern und bewegen. Greif an, wenn sein Geist unaufmerksam und nachlässig ist, bringe ihn in Verwirrung, irritiere und verängstige ihn. Zieh einen Vorteil aus dem Rhythmus deines Feindes, wenn er ohne Erdung und unvorbereitet ist. Dann kannst du siegen.

Ich verachte den defensiven Geist, der als »Haltung« bekannt ist, daher gibt es in meiner Kampfkunst die Lehre von der Einstellung, keine Einstellung zu haben.

In Schlachten stellen wir sicher, dass wir Truppen einsetzen, die unsere Stärke in ihrem Herzen und Verstand mit sich tragen. Wir beobachten die feindlichen Truppen und merken uns die genaue Beschaffenheit des Schlachtfeldes. Dies findet zu Beginn der Schlacht statt.

Die geistige Einstellung, zuerst anzugreifen, unterscheidet sich vollkommen von jener, angegriffen zu werden. Einen Angriff mit einer starken Haltung gut zu überstehen oder den Angriff des Feindes gut zu parieren, gleicht dem Errichten einer Mauer aus Speeren und Hellebarden. Wenn du den Feind angreifst, dann kannst du sogar Zaunpfähle als Speere und Hellebarden einsetzen.

Der fixierende Blick in anderen Schulen

Einige Schulen gehen davon aus, dass man den Blick stets auf das Schwert des Gegners fixieren muss. Andere Schulen fixieren ihren Blick auf die Hände oder auf das Gesicht oder auf die Füße oder ähnliche Dinge. Wenn du deinen Blick auf diese Dinge fixierst, kannst du in Verwirrung geraten und deine Kampfkunst kann scheitern.

Ich will dies genau erklären. Fußballer[22] sind nicht die ganze Zeit auf den Ball fixiert, aber beherrschen ihn dennoch bei gutem Spiel. Wenn du mit irgendeiner Sache vertraut wirst, bist du nicht auf den Einsatz deiner Augen beschränkt. Gaukler können zum Beispiel Gegenstände auf ihrer Nase balancieren und gleichzeitig mit Schwertern jonglieren, ohne jeden einzelnen Gegenstand fixieren zu müssen. Dies bedeutet, dass man auf natürliche Art und Weise beobachtet.

Wenn du viele Kämpfe ausgetragen hast, wird es dir leichtfallen, Geschwindigkeit und Position des gegnerischen Schwertes einzuschätzen. Wenn du es in der

---

22 Ein in Europa nahezu unbekanntes Fußballspiel aus Japan hieß *kemari* (in China *cuju*). Bei dieser Variante des Fußballs geht es darum, den Ball in der Luft zu halten.

義士四十七図
堀部安兵衛武庸
金丸養子祿二百石　行年三十四
月耕

Kampfkunst zur Meisterschaft gebracht hast, wirst du die geistige Einstellung und die Absichten deines Feindes erkennen. In der Kampfkunst ist mit dem fixierenden Blick der Blick in das Herz des Feindes gemeint.

Auch in der Schlacht sollten Stärke und Einstellung des Feindes betrachtet werden. Es gibt den wahrnehmenden und den vorausschauenden Blick. Die Vorausschau besteht darin, sich stark auf den Geist des Gegners zu konzentrieren, die Bedingungen des Schlachtfeldes zu beobachten und den Ablauf des Kampfes zu sehen, sodass man sich ergebende Vorteile nutzt. Dies ist der sichere Weg zum Sieg.

Im Zweikampf darf der Blick nicht auf Einzelheiten gerichtet sein. Wie ich zuvor bereits sagte, wird dir die Möglichkeit des Sieges entgehen, wenn du Kleinigkeiten fixierst und dir die wichtigen Dinge entgehen. Dieses Prinzip ist von großer Wichtigkeit.

Die Beinarbeit in anderen Schulen

Es gibt verschiedene Möglichkeiten, seine Beine und Füße einzusetzen. Es gibt den »fließenden Gang«, den »springenden Schritt«, den »hüpfenden Gang«, den »stampfenden Schritt« und den »Krähengang«. In meiner Kampfkunst sind diese Techniken alle ohne Bedeutung.

Ich lehne den »fließenden Gang« ab, da die Füße dann dazu neigen wegzurutschen. Man sollte stets fest und sicher auftreten.

Ebenso lehne ich den »springenden Schritt« ab, da er zu einer Gewohnheit werden kann und zu einem unruhigen und umherspringenden Geist führt, auch wenn es dafür keinen Grund gibt. Das Gleiche gilt für den »hüpfenden Gang«.

Der »stampfende Schritt« ist eine abwartende Technik. Ich lehne sie grundsätzlich ab.

Der »Krähengang« ist wie viele andere Techniken auch auf schwammigem Boden oder sumpfigem Untergrund, auch auf steinigem Terrain oder in Flussbetten von Nachteil.

In meiner Kampfkunst bewegt man seine Beine und Füße so, wie man dies gewöhnlich auch tut. Du darfst niemals die Kontrolle über deine Beine oder Füße verlieren. Du bewegst dich entsprechend dem Rhythmus deines Feindes schnell oder langsam, wobei du deinen Körper weder zu sehr noch zu wenig an die Bewegungen deines Feindes anpasst.

Auch in Schlachten ist die Beinarbeit wichtig. Wenn du schnell und gedankenlos angreifst, ohne den Geist des Gegners zu kennen, wirst du aus dem Rhythmus kommen und dann ist die Schlacht verloren. Wenn du zu langsam vorrückst, wirst du aus der Unordnung deines Feindes keinen Vorteil gewinnen können und damit wirst du die Schlacht zu keinem schnellen Ende bringen. Du solltest eine Unordnung beim Feind sofort zum Sieg nutzen und ihm keine Gelegenheit geben, sich zu erholen.

Die Geschwindigkeit in anderen Schulen

Die Geschwindigkeit gehört nicht zum wahren Weg der Kampfkunst. Geschwindigkeit bedeutet, dass Dinge langsam oder schnell scheinen, je nachdem, in welchem Rhythmus sie sich befinden. Ein Meister der Kampfkunst erscheint anderen nicht schnell.

Manche Leute können zu Fuß mehr als hundert Meilen am Tag zurücklegen, aber das bedeutet nicht, dass sie kontinuierlich von morgens bis abends rennen. Ungeübte Läufer mögen die gesamte Zeit rennen, doch kommen sie nicht so weit.

In der Theaterkunst können erfahrene Darsteller gleichzeitig singen und tanzen, doch wenn Anfänger dies versuchen, geraten sie in Verwirrung. Wenn die »Melodie der alten Pinie« auf einer Ledertrommel getrommelt wird, sollte dies abgeklärt und besinnlich geschehen. Wenn Anfänger dies probieren, werden sie oft unruhig und verwirrt. Sehr erfahrene Leute können einen schnellen Rhythmus beherrschen, dennoch ist es schlecht, zu überhastet zu trommeln. Wenn du versuchst, zu schnell zu trommeln, gerätst du aus dem Rhythmus. Dennoch ist es schlecht, zu langsam zu sein.

Wirklich erfahrene Leute geraten niemals aus dem Rhythmus und sind dabei grundsätzlich gelassen und erscheinen niemals überhastet oder verwirrt.

In der Kampfkunst ist Geschwindigkeit besonders schlecht. Abhängig von den äußeren Umständen ist es zum Beispiel auf sumpfigem Untergrund nicht möglich, Oberkörper und Beine gleich schnell zu bewegen. In einer solchen Situation wird man erst recht nicht dazu in der Lage sein, sein Langschwert schnell zu führen. Wenn man versucht, einen Hieb zu schnell auszuführen, wird einem dieser nicht gut gelingen. Das Langschwert ist ja kein Fächer oder Kurzschwert.

Für große Schlachten gilt ebenfalls, dass ein überhasteter Geist von Nachteil ist. Die geistige Einstellung sollte wie beim »Niederdrücken des Kissens« sein, dann wird man nicht eine Sekunde zu spät sein.

Wenn dein Feind einen zügigen Angriff wagt, solltest du ruhig bleiben. Du solltest dich nicht von deinen Feinden beeinflussen lassen. Dieser geistige Aspekt muss unbedingt verstanden werden.

Das »Innere« und das »Oberflächliche« in anderen Schulen

In der wahren Kampfkunst gibt es das »Innere« und das »Oberflächliche« nicht wirklich.

In einigen Künsten gibt es sicherlich geheime Traditionen und eine innere Bedeutung, aber im Kampf gibt es so etwas nicht. Wenn ich meinen Weg lehre, unterrichte ich zuerst Techniken, welche für Schüler einfach zu verstehen sind, und dadurch eine Lehre, die ebenfalls einfach zu verstehen ist. Schritt für Schritt erkläre ich das zugrunde liegende Prinzip, also Dinge, die nur schwer zu begreifen sind. Dabei passe ich mich dem Fortschritt des Schülers an. Der Weg, die Dinge zu verstehen, liegt in jedem Fall in der Erfahrung.

Wenn man zum Beispiel hoch hinauf in die Berge gehen will und immer weitergeht, wird man irgendwann auf der anderen Seite des Berges ankommen. In der Kampfkunst können wir nicht sagen, was verborgen bleibt und was nicht. Manchmal reichen die Grundlagen völlig aus und manchmal müssen wir fortgeschrittene Techniken anwenden.

Dementsprechend lehne ich es ab, irgendwelche Regeln vorzuschreiben. Indem ich die Fähigkeiten meiner Schüler wahrnehme, lehre ich den direkten Weg, vermeide den schlechten Einfluss anderer Schulen und führe meine Schüler Schritt für Schritt zu dem wahren Weg des Kriegers. Zu diesem Weg gehört ein Geist des Vertrauens.

Nachwort

In diesem Buch habe ich versucht, einen Überblick über die Kampfkünste der anderen Schulen zu geben. Ich könnte jetzt damit fortfahren, eine genauere Beschreibung jeder einzelnen dieser Schulen abzuliefern. Ich habe diese Schulen jedoch absichtlich nicht beim Namen genannt oder ihre Hauptlehre aufgezeigt. Der Grund dafür ist, dass die Lehren dieser Schulen unterschiedlich interpretiert werden. So sehr, wie sich die Meinungen der Menschen voneinander unterscheiden, gibt es auch unterschiedliche Interpretationen von ein und derselben Angelegenheit. Daher ist eines Mannes Auffassung nicht für jede Schule gültig.

Ich habe die allgemeinen Tendenzen anderer Schulen aufgezeigt. Wenn wir diese Schulen ehrlich betrachten, können wir erkennen, dass die Leute häufig Vorlieben für eine bestimmte Waffe haben und sich darum sorgen, ob sie stark oder schwach zuschlagen.

Man kann nun begreifen, warum ich nicht näher auf jede einzelne Schule eingehe.

In meiner Kampfkunst gibt es kein inneres, geheimes Wissen. Du solltest deinen Geist einfach wahrhaftig halten, dann wirst du die wahre Kunst des Kampfes begreifen.

Für Terao Magonojô, 12. Mai 1645,
Shinmen Musashi

義士四十七図
間瀬孫九郎正辰
正明嫡男 行年廿五

Das Buch der Leere

Der Geist der Leere schöpft aus dem, was nicht ist. Er entzieht sich dem Wissen des Kriegers, denn die Leere ist natürlich nicht. Doch indem man die Dinge kennt, die existieren, kann man sich dem öffnen, was nicht existiert. Das ist die Leere.

In dieser Welt missverstehen viele Leute die Dinge und glauben, dass die Leere das ist, was sie nicht verstehen. Dies ist nicht die wahre Leere, sondern nur Verwirrtheit.

Es gibt ebenfalls Leute, die den Weg des Kriegers studieren und glauben, dass das, was sie nicht verstehen können, die Leere sein muss. Auch dies ist nicht die wahre Leere.

Um den Weg der Kampfkunst als Krieger zu beschreiten, musst du alle Kampfkünste gründlich studieren. Trainiere jeden Tag Stunde um Stunde mit einem gefestigten Geist. Halte deinen Verstand und dein Herz rein und schärfe deinen Blick. Wenn keine Wolke deinen Geist mehr verdunkelt, wirst du die wahre Leere erkennen.

Bis du den wahren Weg erkennst, ob im buddhistischen oder im herkömmlichen Sinne, denkst du vielleicht, dass dein Weg der richtige ist. Wenn wir die Dinge jedoch ehrlich aus der Perspektive der Gesetze dieser Welt betrachten, erkennen wir, dass verschiedene Lehren vom wahren Weg abweichen. Lass den wahren Geist zu deinem Weg werden, lass Aufrichtigkeit deine Grundlage sein und mach deine Kampfkunst zu einer direkten, ehrlichen und offenen Angelegenheit.

Dann wird sich deine Sicht der Dinge erweitern und die Leere wird zu deinem Weg, wie auch dein Weg zu Leere wird.

In der Leere gibt es das Böse nicht, sondern nur das Gute. Weisheit existiert, Prinzipien existieren und auch der Weg existiert, doch der Geist ist nicht.

Für Terao Magonojô, 12. Mai 1645,
Shinmen Musashi

Abbildungsverzeichnis

Seite 9: mauritius images/Artokoloro/Alamy; Seite 16-17, 25, 29, 33, 36, 41, 46-47, 51, 55, 61, 65, 88-89, 135: mauritius images/CPA Media Pte Ltd/Alamy; Seite 21: mauritius images/Photo 12/Alamy; Seite 71: mauritius images/Matteo Omied/Alamy; Seite 77: mauritius images/Hamza Khan/Alamy; Seite 85: mauritius images/Old Books Images/Alamy; Seite 93, 99, 102-103: mauritius images/Science Source/LOC; Seite 107: mauritius images/AGF/Lanzellotto Antonello; Seite 111, 116-117: mauritius images/World Book Inc.; Seite 127: mauritius images/Archivist/Alamy; Seite 131: mauritius images/MARKA/Alamy; Seite 139, 149: mauritius images/The Picture Art Collection/Alamy; Seite 144-145: mauritius images/Niday Picture Library/Alamy